Guide de la Lune 2022

Du même auteur

chez Marabout

Poches Marabout

Le Guide des fleurs du Dr Bach

Les Remèdes de santé d'Hildegarde de Bingen

Collection Les Cahiers du Jardinier

J'aime les mauvaises herbes

Jardiner avec la Lune

aux Éditions du Rocher

Le Guide pratique de la maladie de Lyme

PAUL FERRIS

Guide de la Lune 2022

MARABOUT

Merci aux lectrices et aux lecteurs qui me font part de leurs expériences, de leurs témoignages et de leurs astuces.

Grâce à eux, ce guide devient toujours plus précis et plus agréable.

Pour bénéficier de toutes les précisions de ce livre:

Dans le *GUIDE DE LA LUNE 2022*, les indications concernent l'hémisphère Nord et plus particulièrement l'Europe. Le cycle montant-descendant est inversé dans l'hémisphère Sud et son influence est moins pertinente à mesure qu'on s'approche des zones équatoriales.

SOMMAIRE

AVANT-PROPOS

1 000 CONSEILS ET TRUCS AU QUOTIDIEN

Le *Guide de la Lune* possède l'immense avantage d'être suivi par des dizaines de milliers de personnes depuis plus de vingt ans. Tous les ans, j'intègre les constatations et les remarques de nombreux lecteurs-jardiniers: plantations ou récoltes selon les phases lunaires, associations de semis entre plusieurs légumes, greffes et tailles…

Ce guide s'intéresse autant au bien-être et à la santé qu'au jardinage. Et vos remarques, là aussi sont prises en considération.

En début d'ouvrage, les informations essentielles aident à mieux comprendre les influences de notre satellite. Juste après, le calendrier lunaire permet au lecteur d'organiser son jardin ou ses soins de bien-être. En fin d'ouvrage, les grands chapitres sur le jardinage et la santé s'adressent plus particulièrement aux « afficionados », ceux qui cherchent à limiter au maximum l'action néfaste de la Lune ou, au contraire, à amplifier ses effets positifs.

Le calendrier lunaire indique, jour après jour, les meilleurs moments pour cultiver son potager, cueillir des fruits, se soigner ou commencer un régime. Vous éviterez ainsi les périodes défavorables. Pour chaque jour, il y a entre 2 et 6 conseils ou astuces pour votre jardin, votre alimentation ou votre santé, soit plus de 1 000 en tout !

Si, pour des raisons d'emploi du temps ou de météo, vous ne pouvez pas suivre la Lune, ne pensez pas pour autant que le ciel vous tombera sur la tête ! Simplement, les choses mettront plus de temps à s'installer. Si, en revanche, vous suivez les lois de notre satellite, vous mettrez plus de chances de votre côté. Dans le jardin, cela favorisera un repiquage, une greffe ou un semis. Vous saurez aussi quand vous chouchouter ! Vous vous couperez les cheveux ou les ongles au bon moment, vous réussirez votre cure amincissante ou dépurative.

En cas de traitement médical ou bien si vous avez le moindre doute concernant votre santé ou l'utilisation d'une plante médicinale, consultez votre médecin. Ce livre n'a pas la prétention de se substituer à des méthodes reconnues et qui ont fait leurs preuves. Il a pour seule ambition de contribuer à votre bien-être.

Paul Ferris

Les catastrophes naturelles surviennent généralement à la Pleine Lune

Le 26 décembre 2004, une vague de 30 mètres de haut déferle sur le Sri Lanka, l'Indonésie et la Thaïlande tuant plus de 250 000 personnes. C'est le plus grave tsunami de l'histoire humaine. C'est un jour de Pleine Lune cumulé à un nœud lunaire descendant. Un hasard ? Pas vraiment. Le 28 mars 2005, un autre séisme frappe la même zone. Bilan : plus de 1 000 morts, malgré l'alerte donnée par la marine américaine. La Pleine Lune a eu lieu deux jours plus tôt. Le 22 décembre 2018, un tsunami fait 22 morts et 750 blessés dans le détroit de la sonde: c'est encore la Pleine Lune. Le 6 mai 2019, à la Nouvelle Lune, un séisme de magnitude 7,2 secoue la Papouasie Nouvelle Guinée... Le 10 février 2021 la Nouvelle-Zélande et l'Australie déclenchent une alerte au tsunami suite à un séisme de magnitue 7,7. Le 11 février, c'est Nouvelle Lune. Réplique le 13 février 2021, au large du Japon (magnitude 7,3). Loin des côtes, les 2 séismes n'ont fait heureusement aucune victime.

Bien sûr, toutes les Pleines Lunes ou les Nouvelles Lunes ne provoquent pas — heureusement — des catastrophes. Bien sûr, des catastrophes peuvent survenir — malheureusement — à d'autres périodes. Ainsi, le 11 mars 2011 (catastrophe de Fukushima) ne correspond pas à un changement de lune.

Mais, statistiquement dans la majorité des cas, les tremblements de terre et tsunamis surviennent en période de Pleine Lune ou de Nouvelle Lune, généralement cumulée à un périgée ou à un nœud lunaire, ce qui correspond aux périodes de grandes marées. Le calcul est facile à vérifier: sur les 20 derniers tremblements de terre (magnitude supérieure à 7), 15 se sont déclenchés aux alentours de la Pleine Lune ou de la Nouvelle Lune, soit les 3/4.

L'explication, vous la trouverez page 17 de ce guide. En effet, la croûte de notre planète repose sur du magma. Or l'attraction lunaire est si forte qu'elle aspire les liquides, provoquant des marées non seulement océaniques mais terrestres.

1
LES INFLUENCES DE LA LUNE

Ce sont les scientifiques qui apportent les arguments les plus convaincants sur les mystères de notre système planétaire :

• Il n'y a statistiquement aucune chance pour que trois objets célestes (Terre-Lune-Soleil), alignés à de telles distances, se trouvent dans une configuration telle qu'un disque (vu de la Terre) se superpose exactement à un autre, au point de le cacher. Le phénomène de l'éclipse serait donc statistiquement impossible. Or, ce phénomène n'est pas exceptionnel, mais apparaît régulièrement et plusieurs fois par an !

• La plupart des planètes tournent selon un axe en perpétuelle mobilité, un peu comme des toupies folles. Si c'était le cas de la Terre, il y aurait de brusques écarts de température, interdisant la vie sur notre planète. Or, si la Terre tourne toujours selon le même axe, c'est grâce à l'attraction de la Lune.

• Si la Lune n'existait pas, nous n'aurions pas des journées de 24 heures, mais de 15 heures environ. Car notre satellite ralentit la rotation de la Terre par son attraction.

L'influence de la Lune sur les marées ou les cycles féminins est indiscutable. Les plantes et les animaux ne se comportent pas de la même façon selon les mouvements de la Lune, l'éclat de ses rayons, et même sa position par rapport à certaines constellations. La plupart des mouvements de la Lune sont connus d'avance. Encore faut-il savoir les distinguer ! Nombreuses sont les personnes qui ne font pas la différence entre lune montante et lune croissante (voir pages 21-22), ou bien entre signes du zodiaque et constellations (voir pages 26-30). De là viennent la plupart des erreurs et donc des réticences de la part des scientifiques.

LA LUNE, NOTRE SEUL ET UNIQUE SATELLITE

Elle est 50 fois plus petite et 83 fois plus légère que la Terre. Elle n'évolue pas toujours à la même distance : par moments elle est à environ 356 000 km (périgée) et à d'autres à environ 407 000 km (apogée). Car la Lune subit l'attraction de la Terre mais aussi celle du Soleil. Tout semble donc assez simple sauf que, dans le ménage à trois que forment la Terre, la Lune et le Soleil, rien ne tourne à la même vitesse et rien ne se trouve exactement sur le même plan. Et n'oubliez pas que la Terre elle-même tourne autour du Soleil.

LA LUNE ET SON FIL À LA PATTE

Le centre de gravité du système Terre-Lune se trouve à environ 4 700 km du centre de la Terre, c'est-à-dire dans la Terre elle-même. La Lune, en tournant autour de la Terre, est soumise à la fois à la force centrifuge qui l'éloigne de nous et à la force de gravitation qui la ramène vers nous. Ces deux forces s'équilibrent. Mais la Terre, un peu à cause de la Lune, ralentit son mouvement de rotation, ce qui a pour effet de diminuer son pouvoir attractif. La Lune s'enfuit un peu plus encore. Mais n'ayez crainte, elle ne s'échappe que de 3 cm par an.

LA FACE CACHÉE DE LA LUNE

La Lune influence la Terre, mais la Terre exerce sur la Lune une telle force d'attraction que celle-ci est comme « bloquée » et se trouve obligée de tourner sur elle-même de façon dite « synchrone », de sorte qu'on ne peut observer qu'une seule face de la Lune, toujours la même. Sa face « cachée », restée longtemps mystérieuse, a été découverte par les premiers vols spatiaux.

L'INFLUENCE SUR LES ÊTRES VIVANTS

Trois forces physiques mesurables sont exercées par la Lune sur tout ce qui vit sur la Terre. Ces forces ne sont pas constantes et varient selon les mouvements de la Lune. D'autres forces moins évidentes, dont on connaît en partie les effets, s'ajoutent aux trois forces citées ci-dessous.

La gravitation

Ce fut la première explication scientifique de l'influence de la Lune. Selon la loi de l'attraction universelle, énoncée par Newton en 1687, deux corps s'attirent en fonction de la droite qui joint leurs centres et par une force proportionnelle à leurs masses. La Lune, bien plus petite que la Terre, modifie donc le centre de gravitation terrestre qui, par conséquent, n'est pas au centre de notre planète. Mais comme la Lune se déplace, ce centre de gravité se déplace également. La force de gravité fonctionne un peu comme un aimant ou un gigantesque aspirateur. Les objets légers, instables ou liquides sont plus mobiles que les objets solides, lourds ou solidaires entre eux.

Le champ magnétique

La Lune – tout comme la Terre et les autres planètes du système solaire – possède un champ magnétique. Les champs magnétiques et leur intensité ont une grande influence sur la végétation et la santé.

La lumière

La Lune renvoie une partie de la lumière du Soleil et modifie donc les périodes d'éclairement de la Terre. Plus elle est proche ou visible (en période de pleine lune ou à son périgée, par exemple), plus sa lumière est forte. La lumière influe directement sur tous les êtres vivants.

PÂLE MIROIR

Le pourcentage d'albédo mesure la lumière réfléchie. Un miroir possède un albédo proche de 100 %. La Lune, même si elle nous paraît brillante, n'a qu'un albédo de 7 %. Pourtant, cette clarté – plus ou moins forte – influence tous les êtres vivants : végétaux, animaux, humains… Une pleine lune moins brillante, à cause des nuages ou de son éloignement, a donc moins d'effets qu'une pleine lune resplendissante. Par ailleurs, certaines fréquences lumineuses de la Lune ont des effets particuliers. C'est le cas par exemple des reflets « froids » ou bleus, plus ou moins intenses selon les lunaisons, et qui ralentiraient la croissance des plantes.

LES MARÉES

La Lune et le Soleil exercent une attraction sur notre planète et tous ses éléments, qu'ils soient solides ou liquides. Bien entendu, ce sont les éléments liquides qui subiront le plus cette double attraction. Celle de la Lune est deux fois plus forte que celle du Soleil. L'amplitude des marées est aussi fonction des masses d'eau, du relief sous-marin et de la forme des côtes. En Méditerranée, par exemple, les marées sont de l'ordre de 20 cm sur la Côte d'Azur, mais dépassent 1 m en Tunisie, à Djerba. Dans l'Atlantique, lorsqu'il y a marée haute en France, il y a aussi marée haute en Amérique ! Sous l'effet de la Lune – et du Soleil –, toute notre planète se déforme. La Terre est une sorte de boule irrégulière dont toute une face est aspirée et se lève. Les molécules solides ou liquides sont attirées: comme les mers, les continents bougent ! Si tout le monde connaît les fameuses marées qui découvrent le Mont-Saint-Michel, rares sont ceux qui savent que les marées terrestres soulèvent Paris de près de 50 cm ! Les grandes et les très grandes marées correspondent aux moments où la période de pleine lune ou bien de Nouvelle Lune se superpose à une période où le Soleil est proche de la Terre: ce sont les grandes marées d'équinoxe. Et leur coefficient est encore plus fort si la période correspond au périgée, moment où la Lune est au plus près de la Terre.

LES MARÉES BIOLOGIQUES

En toute logique, si la Lune peut avoir un tel effet sur des masses d'eau aussi énormes (ainsi que sur l'écorce terrestre), pourquoi n'agirait-elle pas aussi sur notre santé et sur la végétation ? Plusieurs scientifiques se sont demandé si l'être humain ne réagissait pas comme les océans. Le corps n'est-il pas constitué à 80 % d'eau ? La Lune influerait sur nous à travers les éléments liquides de notre organisme: sang, lymphe, liquide céphalo-rachidien, sécrétions diverses... Et, pour la végétation, cette influence s'exercerait principalement sur la sève et l'eau contenues dans les plantes.

MOIS LUNAIRES ET MOIS SOLAIRES

Les mois lunaires comportent 29,5 jours et les mois solaires 30 ou 31 jours. Ainsi, il peut y avoir exceptionnellement deux pleines lunes dans un même mois. On appelle « lune bleue » la seconde pleine lune d'un mois. Les amateurs d'années « bleues » ont pu assister à une lune bleue le 31 octobre 2020. Les prochaines auront lieu les 31 août 2023, 31 mai 2026 et 31 décembre 2031.

CROISSANTE ET DÉCROISSANTE

Tout le monde sait qu'il existe des nuits sans Lune, des nuits de pleine lune et qu'entre ces deux moments, on la voit apparaître ou disparaître progressivement. Ce cycle dure 29 jours, 12 heures, 44 minutes et 28 secondes. Il s'agit de la *révolution lunaire synodique*, qui correspond au déplacement de la Lune autour de la Terre. Au cours de ce parcours de forme elliptique, la Lune, en tournant autour de la Terre, réfléchit la lumière du Soleil. Quand la Lune se trouve entre la Terre et le Soleil, nous ne pouvons voir que la face sombre. Puis la Lune, en phase croissante, arrive à une distance du Soleil égale à celle qui le sépare de la Terre; elle a parcouru le quart de son ellipse: c'est le premier quartier.

Elle continue sa révolution pour se retrouver de l'autre côté de la Terre par rapport au Soleil. Elle est à mi-chemin de son ellipse. De la Terre, nous pouvons observer la Lune parfaitement éclairée: c'est la pleine lLune. Ensuite elle décroît, arrive à nouveau à la même distance du Soleil que la Terre, aux trois quarts de son parcours: c'est le dernier quartier. Enfin, la Lune est revenue à son point de départ et nous montre une face qui reste dans l'ombre et qu'on ne voit pas, c'est la nouvelle lune.

COMMENT RECONNAÎTRE LES PHASES ?

La Lune est donc croissante lorsqu'elle passe de la Nouvelle Lune (notée souvent par un rond noir ● qui signifie qu'on ne la voit pas) à la pleine lune (notée par un rond blanc: ◯). À l'inverse, quand elle passe de la pleine lune à la nouvelle lune, elle est décroissante. Pour savoir si la Lune est croissante ou décroissante, il suffit d'imaginer une barre qui rejoint les deux pointes et de prolonger cette barre vers le haut ou vers le bas. Si cela forme un *p*, la Lune approche ou dépasse son premier quartier et donc elle est croissante. Si cela forme un *d*, elle est aux alentours de son dernier quartier, elle est alors décroissante. Ce système est repris graphiquement sur tous les calendriers: ☾ pour dernier quartier (décroissante), par exemple.

NE PAS CONFONDRE

Les phases croissantes et décroissantes de notre satellite étant les mouvements les plus évidents, c'est bien entendu sur elles que sont basées les plus nombreuses constatations des influences de la Lune. Si, d'une région à l'autre, les conseils sont contradictoires, c'est souvent en raison d'une confusion

Les phases de la Lune

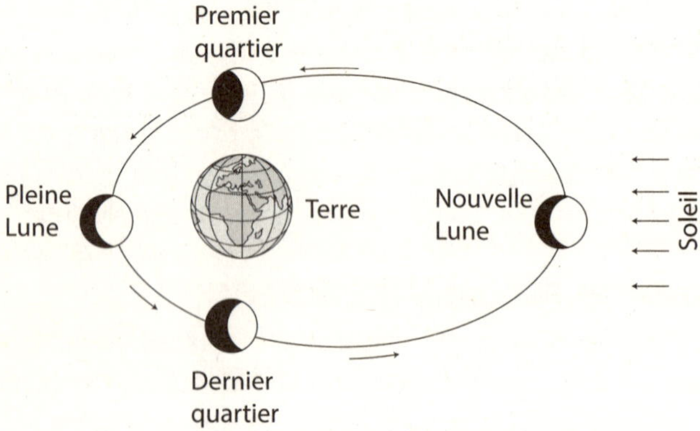

La Lune est toujours éclairée du même côté par le Soleil.

Nouvelle lune: de la Terre, on ne peut voir que l'ombre de la Lune, car son côté visible est dans l'ombre. À ce moment précis, si le plan de la Lune coïncide avec le plan sur lequel la Terre tourne autour du Soleil, il s'agit d'une éclipse de Soleil: le disque lunaire recouvre le disque solaire.

Premier ou dernier quartier: de la Terre, on ne voit qu'une moitié de Lune éclairée.

Pleine lune: de la Terre, la Lune semble entièrement éclairée par le Soleil. On ne voit pas la face cachée, restée dans l'ombre. à ce moment précis, quand le plan sur lequel la Lune tourne autour de la Terre coïncide avec le plan sur lequel la Terre tourne autour du Soleil, il s'agit d'une éclipse de lune: l'ombre de la Terre recouvre le disque lunaire.

entre les notions de mouvements croissants-décroissants et celles de mouvements montants-descendants.

MONTANTE ET DESCENDANTE

Selon les nuits, la Lune est plus ou moins haute dans le ciel. Ce mouvement s'observe en relevant la position de la Lune dans le ciel par rapport à l'horizon, plusieurs jours de suite. Exemple : le 7 mars, vous repérez la Lune à l'aplomb d'un arbre ; le lendemain, à peu près à la même heure,

Lune montante ou descendante

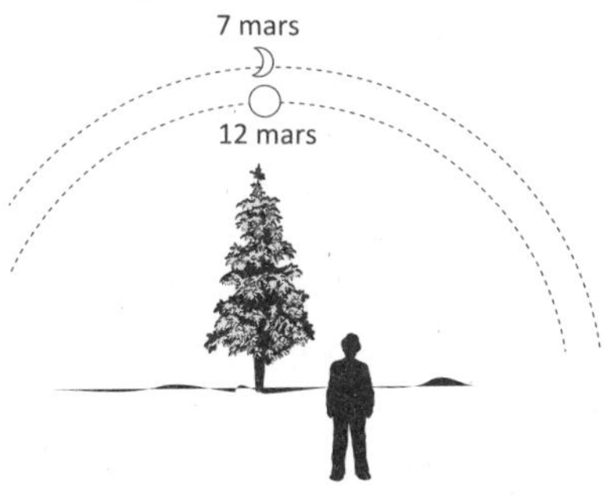

La Lune bouge en hauteur dans le ciel. La lune semble descendre dans le ciel et se rapprocher de l'arbre : elle est DESCENDANTE. Si dans le même temps, elle s'arrondit : elle est CROISSANTE tout en restant DESCENDANTE. Après la Pleine Lune, elle deviendra DÉCROISSANTE mais pourra rester DESCENDANTE.

vous constatez que la Lune s'est rapprochée de l'arbre. Jour après jour, elle se rapproche encore plus de l'arbre : la Lune est donc *descendante*.

Ce phénomène de Lune qui « descend » ou « monte » correspond avec le passage de la Lune dans les constellations (voir pages 25 à 29). Quand la Lune arrive au sommet de sa trajectoire mensuelle, dans la constellation des Gémeaux, elle devient *descendante*. Ensuite, quand elle est au plus bas de sa trajectoire, dans la constellation du Sagittaire, elle *remonte*. Tous ces mouvements suivent un cycle moyen de 27 jours 7 heures et 43 minutes, appelé *révolution périodique.*

DES INFLUENCES DIFFÉRENTES

La *révolution périodique* durant 27 jours 7 heures et 43 minutes et la *révolution synodique* 29 jours 12 heures 44 minutes et 28 secondes, la Lune peut être à la fois descendante et croissante. Dans ce *Guide de la Lune*, ces deux mouvements sont signalés par deux types de flèches différentes :

- ⇩ ou ⇧ (flèches évidées droites) : la Lune est décroissante ou croissante.
- ↘ ou ↗ (flèches pleines obliques) : la Lune est descendante ou montante.

LA LUNE EST DIFFÉRENTE SOUS LES TROPIQUES

Notre satellite a plus ou moins d'influence sur les humains, les animaux, les plantes et les marées selon la latitude où l'on se trouve. Plus on se rapproche de l'équateur, moins le mouvement montant ou descendant de la Lune est fort.

En revanche, plus on s'en éloigne, pour se diriger vers le pôle Nord par exemple, plus ces mouvements montants ou descendants sont importants.

LES NŒUDS LUNAIRES

La Terre se déplace autour du Soleil selon une ellipse située dans un plan appelé *écliptique*. La Lune se déplace autour de la Terre selon un autre plan, qui forme un angle d'environ 6° avec celui de l'écliptique. Par conséquent, la Lune, dans son voyage autour de la Terre, coupe deux fois la route de la Terre autour du Soleil. Ces intersections s'appellent les *nœuds* et déclenchent parfois des perturbations, plus souvent négatives que positives, notamment pour les semis et

Les nœuds lunaires

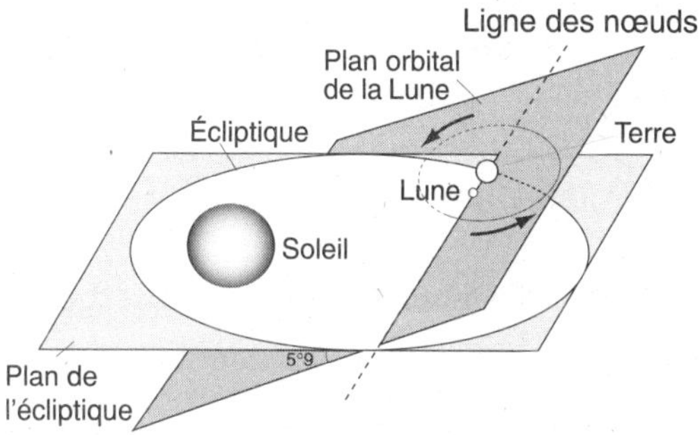

Le plan de l'orbite de la Lune coupe celui de l'orbite de la Terre, ou « écliptique », sur la ligne des nœuds. Quand la Lune s'y trouve, elle est sur un nœud lunaire.

les récoltes. La Lune met en moyenne 27,21222 jours pour passer d'un nœud (ascendant ou descendant) à un autre. Dans le calendrier, les nœuds lunaires ascendants sont signalés par **NLA** et les nœuds lunaires descendants **NLD**.

APOGÉE ET PÉRIGÉE

L'orbite créée par la Lune autour de la Terre n'est pas régulière (la Terre n'en est pas le centre). On dit que la Lune est à son *apogée* quand elle est à son point le plus éloigné (environ 407 000 km) et à son *périgée* quand elle est à son point le plus proche (environ 356 000 km). D'ailleurs, au périgée, nous la voyons plus grosse, c'est normal puisqu'elle est plus proche ! La proximité de la Lune ou son éloignement ont aussi une influence : plus elle est proche, plus ses caractéristiques sont fortes. S'il s'agit d'effets

Apogée et périgée

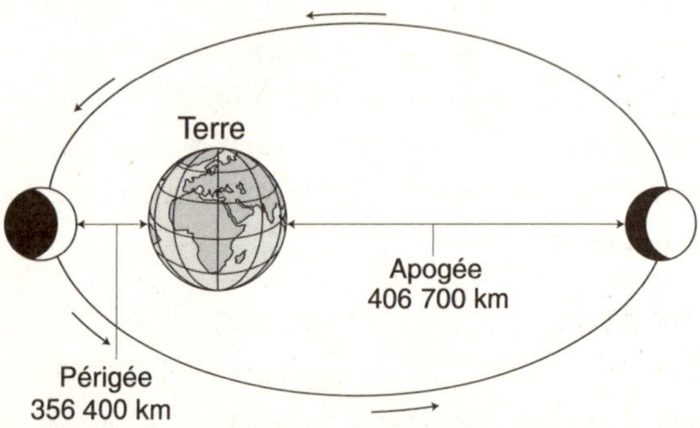

À son apogée, la Lune est à environ 406 700 km de la Terre. À son périgée, la Lune est très perturbante, car plus proche de la Terre.

positifs, ils seront encore meilleurs. En général, il est conseillé de s'abstenir de toute initiative importante au moment du périgée. Dans le calendrier, l'apogée est signalé par **A** et le périgée par **P**.

FAIRE ATTENTION PLUSIEURS JOURS PAR MOIS

Si l'on cumulait les jours théoriquement néfastes, on resterait au lit 15 jours par mois ! Heureusement, des influences positives peuvent compenser les perturbations. Ce qui fait que les jours à éviter se resserrent et se réduisent finalement à 7 ou 8 par mois. Pendant ces jours néfastes, on se contente de nettoyer le jardin et les outils, de désherber, d'acheter produits et semences indispensables… Mais on n'entreprend rien d'important ! Pour le jardin, ces périodes d'inactivité quasi forcée correspondent souvent à des perturbations climatiques (pluie, grêle, froid intense, etc.), jours où, de toute façon, on n'entreprend pas grand-chose ! Pour les soins de santé ou de beauté, c'est la même chose : on ne commence rien. Si ces jours tombent au milieu d'une cure, on n'en tient pas compte. Disons que la nature (votre nature ou votre jardin) se mettra en sommeil pendant ces quelques jours et fera le dos rond. Ne soyez pas surpris non plus si, autour de vous, il y a des baisses de moral ou des énervements à répétition. Prenez du recul. Attendez que cela passe.

LA LUNE ET LES CONSTELLATIONS

De la Terre, on observe un ruban, de part et d'autre de l'écliptique, sur lequel se déplacent le Soleil, la Lune, les constellations et les planètes (sauf Pluton). Les prêtres de l'Antiquité ont ainsi découpé le ciel (n'oublions pas qu'à l'époque, ils pensaient que la Terre était au centre de l'Univers) en 12 parties et

Les constellations

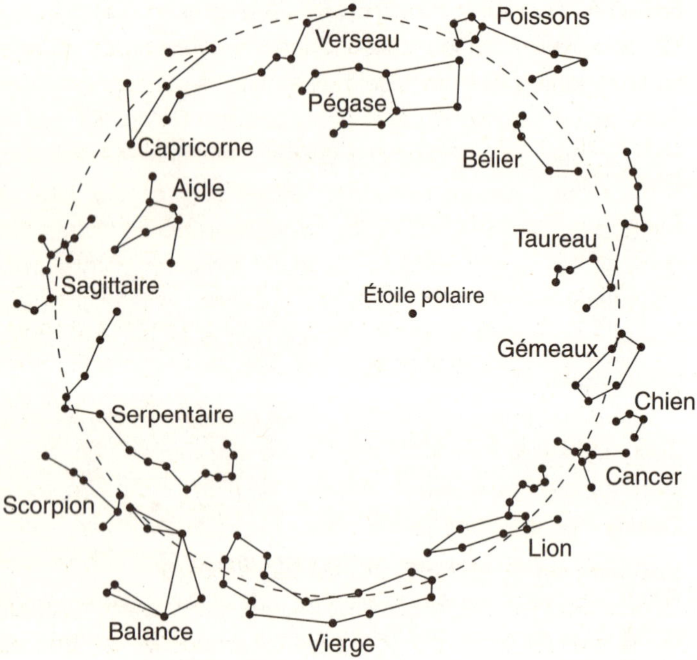

Les constellations se répartissent selon un ruban qui correspond à l'écliptique. Toutes ne sont donc pas visibles en même temps. On s'aperçoit que la Vierge est bien plus grande que le Cancer. On constate aussi un vide entre le Scorpion et le Sagittaire, comblé par Ophiucus (ou le Serpentaire), signe oublié par l'astrologie.

ils ont donné à chacune d'elles le nom de la constellation. En rejoignant les étoiles par des traits, ils ont dessiné un capricorne, un verseau, un bélier, un lion, etc. L'astrologie est née de ce découpage. L'année solaire a donc été divisée de façon égale en 12 signes, correspondant à peu de chose près aux 12 mois, bien que les constellations ne soient pas équidistantes et que parfois elles se superposent en partie.

QUAND LES CONSTELLATIONS S'ÉCHAPPENT DU ZODIAQUE

Au début, tout correspondait à peu près. Mais il y a un décalage d'environ 1° tous les 72 ans, c'est-à-dire entre la position vraie des constellations dans le ciel et celle que l'on nomme toujours le *Zodiaque*. D'autant que le ciel comporte non pas 12 mais 13 constellations, car il faut aussi compter avec Ophiucus (ou le Serpentaire). Au nombre des autres constellations qui pourraient également figurer au Zodiaque, figurent l'Aigle, Pégase et même le Chien, qui se frotte le dos aux Gémeaux tout en se faisant pincer le museau par le Cancer.

LES INFLUENCES DES CONSTELLATIONS

Rudolf Steiner, l'inventeur de l'agriculture biodynamique, est le premier à avoir théorisé les influences de la Lune par rapport aux constellations (c'est-à-dire aux étoiles dans le ciel et non par rapport aux signes du Zodiaque). Ses recherches sont mises en pratique par des agriculteurs en France, en Allemagne, en Suisse, en Grande-Bretagne et aux États-Unis, principalement. Il existe plusieurs dizaines d'associations, des organismes professionnels, des centres de formation, un centre de recherches qui travaillent selon les principes de l'agriculture biodynamique. Des essais comparatifs sont menés depuis plus de 40 ans par les successeurs de Rudolf Steiner : sur des parcelles voisines, on cultive soit sans faire attention à la Lune, soit en tenant compte des rythmes cosmiques. Des photos et des mesures sont prises. À quelques jours près, dans les semis ou les récoltes, les choux-raves sont exactement 2 fois plus gros, les salades sont ou non véreuses, les récoltes sur les arbres fruitiers vont du simple au triple, la germination est de 2 à 3 fois plus rapide…

ET LE ZODIAQUE, ALORS ?

Pour évaluer les influences de ces objets célestes, faut-il considérer les signes du Zodiaque ou les constellations ? La question oppose deux écoles : celle des « astrologues » et celle des « biodynamistes ». Les astrologues de l'Antiquité ont découpé le ciel en fonction du calendrier solaire de leur temps. 2000 ans plus tard, les constellations ne sont plus à la même place. Les astrologues rétorquent que cela n'a pas d'importance, que le découpage zodiacal fonctionne bien puisque c'est avec lui que les saisons ont été établies. Dans ce guide (et pour les conseils du chapitre 2), nous avons fait le choix de suivre la logique astronomique, c'est-à-dire la place actuelle et réelle de la Lune par rapport aux constellations, selon les bases de l'agriculture biodynamique.

LES QUATRE ÉLÉMENTS

Traditionnellement (et symboliquement), les constellations sont classées selon quatre éléments : air, terre, eau, feu. À chaque élément correspond une partie de la plante.

- Feu = Fruits (et semences) : Bélier, Lion, Sagittaire.

- Terre = Racines (et écorces) : Taureau, Vierge, Capricorne.
- Air = Fleurs : Gémeaux, Balance, Verseau.
- Eau = Feuilles (et tiges) : Cancer, Scorpion, Poissons.

Les jours « Fleurs », « Racines-Écorces », « Feuilles-Tiges » et « Fruits-Semences » sont indiqués sur le calendrier (chapitre 2). Pour semer, planter, récolter, choisissez de préférence les périodes en fonction du type de plante : les roses et

Le Zodiaque et les constellations

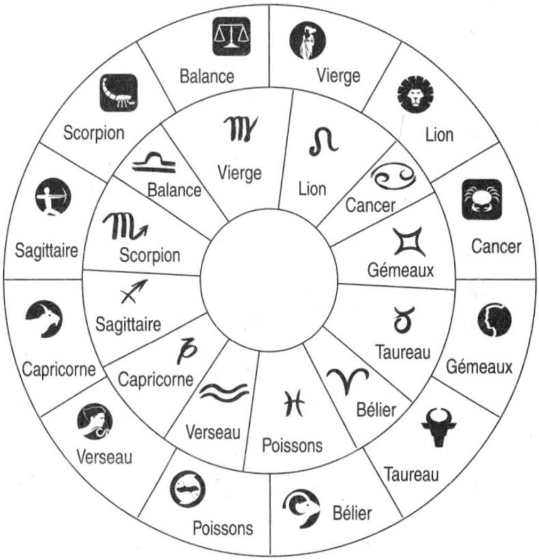

Le Zodiaque partage l'année (et le ciel dans lequel évolue la Terre) en 12 parties égales. Non seulement ce découpage ne correspond pas aux dimensions des constellations, mais il est décalé par rapport à leur position réelle dans le ciel.

les artichauts en jours « Fleurs », les radis et les pommes de terre en jours « Racines-Écorces », etc.

L'ordre des jours est toujours le même :

Fruits, Racines, Fleurs, Feuilles.

La Lune étant au sommet de sa trajectoire dans la constellation des Gémeaux, on est donc forcément en jour « Fleurs », quand on passe de Lune montante à Lune descendante.

LE SOLEIL

Bien évidemment, le Soleil a lui aussi une influence : la Terre tourne autour de lui, et il éclaire la Lune et notre planète. Cette influence se retrouve d'abord dans les saisons. Elle apparaît aussi à travers la Lune et ses quartiers. Mais bien d'autres facteurs peuvent modifier, dans un sens faste ou néfaste, notre santé et la santé des végétaux. Il est ainsi prouvé que les éruptions solaires coïncident avec des événements terrestres : aurores boréales, changements climatiques… La luminosité d'une journée a aussi son importance : qui peut nier que le Soleil nous met de bonne humeur et accélère la croissance des plantes ? Il est maintenant prouvé que la fameuse dépression saisonnière est directement liée à un déficit de lumière.

Et les éclipses ?

Il existe deux sortes d'éclipses. Si la Terre passe devant la Lune au moment de la pleine lune, ce sera une éclipse de Lune (**ÉL**). Si la Lune passe devant le Soleil au moment de la Nouvelle Lune, il s'agit d'une éclipse de Soleil (**ÉS**). En réalité, il faut aussi, pour un recouvrement des deux disques, que le plan de l'orbite de la Lune se trouve sur le plan de l'orbite de la Terre, ce qui se produit au maximum 7 fois par an. Les éclipses

Les éclipses

Le Soleil est caché par la Lune.

Éclipse partielle

Éclipse annulaire

Éclipse totale

Prochaines éclipses en 2022

Les phénomènes se déroulent sur plusieurs heures.

- *16 mai 2022 : éclipse lunaire totale à 4 h 12, visible en Europe, au nord de l'Afrique.*

- *30 avril 2022 : éclipse solaire partielle à 20 h 41, visible en Amérique du Sud, Antarctique*

- *25 octobre 2022 : éclipse solaire partielle à 11h 00 visible en Europe et au Moyen-Orient.*

- *8 novembre 2022 : éclipse lunaire totale à 11h 00, visible en Europe, au Moyen-Orient, en Australie, en Amérique du Nord et du Sud.*

de Soleil peuvent être totales si les disques se recouvrent exactement, annulaires si la Lune ne cache pas totalement le Soleil, ou partielles quand les deux disques sont légèrement décalés. L'orbite de la Lune s'éloignant progressivement de la Terre, il y aura de moins en moins d'éclipses totales de Soleil.

LA LUNE ET LES PLANÈTES

Les planètes (Mercure, Vénus, Terre, Mars, Jupiter, Saturne, Uranus, Neptune) tournent autour du Soleil, mais ni à la même vitesse, ni à la même distance. Par moments, certaines planètes sont plus ou moins alignées ; à d'autres, elles sont très éloignées les unes des autres. Quand Mercure et Vénus, qui se trouvent entre le Soleil et la Terre, sont alignées, elles cumulent leurs influences et attractions avec celles de la Lune et du Soleil. Si, à ce moment, symétriquement par rapport à la Terre, Mars et Jupiter sont alignées, l'attraction lunaire sera perturbée. C'est d'ailleurs la position des planètes entre elles qui modifie les divers mouvements de la Lune.

Le système solaire

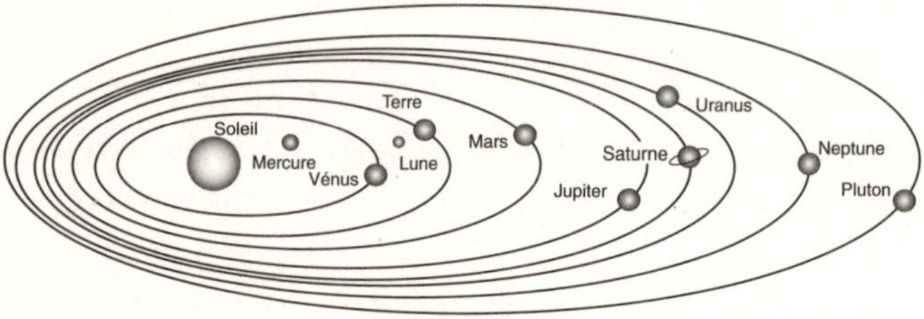

Les planètes tournent toutes autour du Soleil, dans le même sens et pratiquement dans le même plan. Selon leurs alignements entre elles et l'éloignement de chacune par rapport à la Terre, les influences qu'elles exercent sont plus ou moins fortes, favorables ou néfastes. Elles peuvent amplifier ou modérer celles de la Lune.

L'ORIGINE DE LA LUNE

Des chercheurs allemands de l'Université de Cologne viennent de conforter la théorie selon laquelle la Lune est née d'une collision, il y a environ 4,5 milliards d'années, entre la Terre et un énorme objet céleste, appelé Théia. Ils ont analysé des échantillons lunaires ramenés par les missions Apollo. Ils ont déterminé que certains matériaux n'appartiennent qu'à la Lune. Exit donc l'autre théorie supposant que la Lune est un morceau de la Terre. La collision avec la Terre a été si violente et a libéré tellement d'énergie que Théia a fondu, tout comme d'ailleurs une grande partie de l'enveloppe terrestre.

RESTONS PRUDENTS

Pour comprendre les influences dont nous sommes l'objet, nous devons tenir compte des mouvements de la Lune et de la Terre. Aucune distance n'est constante. Sans compter que le Soleil, les étoiles et les autres planètes ont aussi leur mot à dire ! Parler des influences de la Lune pourrait sembler une tâche surhumaine si nous ne bénéficiions pas d'atouts extraordinaires : ses mouvements sont périodiques et à peu près réguliers. Les logiciels, avec lesquels est réalisé ce *Guide de la Lune*, donnent toutes les trajectoires de la Lune jusqu'en 3999 ! Mais, s'il faut utiliser un maximum d'éléments, il est tout aussi indispensable de les disposer de façon simple et pratique pour le lecteur. Statistiquement, ces prévisions ont toutes les chances de se réaliser ; toutefois existe – heureusement pour notre « libre arbitre » – une zone d'incertitude qui doit nous forcer à l'humilité et à la prudence. N'utilisez pas ce guide à l'aveugle, mais comme un outil supplémentaire qui vous aidera dans les prises de décision.

Dans le ciel, il n'y a pas de frontières naturelles !

Quelle est la précision de votre calendrier lunaire ?

Laurence C. de Menton.

L'établissement d'un calendrier lunaire se fait sur une base scientifique, puisque j'utilise les bases de calcul de la NASA. Mais ces données rigoureuses doivent être adaptées à une utilisation quotidienne... et correspondre au mieux à un découpage du ciel peu scientifique. Ce ne sont pas des rivières ou des montagnes qui délimitent les constellations mais un tracé «poétique» et mythologique réalisé il y a plus de 2000 ans. Les constellations sont de tailles ou de formes différentes et peuvent s'encastrer les unes dans les autres. On dit que la Lune «entre» en Cancer ou Verseau alors qu'elle ne fait que passer devant. La Lune, selon les jours, peut «frôler» la limite d'une constellation, «entrer» dans une autre qui n'existe pas dans le Zodiaque. Ainsi, parfois, la Lune n'entre pas dans la constellation du Scorpion mais dans celle du Serpentaire (Ophycius). Pourtant, en agriculture biodynamique, personne ne tient compte d'Ophycius. L'établissement du calendrier doit donc se faire en interprétant au mieux le ciel dans l'intérêt du jardinier. Ainsi, quand le changement de constellation se fait aux alentours de minuit, j'accélère le temps de 2 ou 3 heures, car je suppose que, d'une part, les jardiniers qui se relèvent en pleine nuit sont rares et que, d'autre part, l'influence lunaire ne se produit pas à la minute près ! Il faut un peu de temps pour que les choses se mettent en place. Ce décalage, invisible à l'observation, n'est que de quelques heures, et il ne se répercute pas sur les jours suivants.

2
CALENDRIER LUNAIRE 2022

Les conseils se répartissent selon les saisons et le climat «moyen» d'Europe occidentale ou d'Amérique du Nord. Ces indications sont à moduler en fonction de votre région. Ainsi, pour la France et la Belgique, on considère qu'il existe 5 climats: continental, montagneux, océanique, tempéré et méditerranéen. À l'intérieur de ces larges zones, il existe des micro-climats spécifiques. Un jardin en bord d'Atlantique n'a rien à voir avec un autre en Alsace. Ainsi on peut faire pousser des plantes méditerranéennes dans la région de Brive, considérée comme continentale. Chaque climat a ses avantages et ses inconvénients. Un jardin de bord de mer demande des précautions. Il est plus ensoleillé et moins soumis au gel. Mais il souffre du vent, du sable et des embruns.

En ce qui concerne les conseils de santé, choisissez ceux qui correspondent le mieux à vos troubles. Inutile de multiplier les soins. En règle générale, on n'entreprend qu'une seule cure à la fois, sur une durée de 20 jours, renouvelable 1 fois. S'il n'y a aucune amélioration au bout de 10 jours, essayez autre chose. Mais commencez de préférence à la date signalée sur le calendrier: c'est l'une des conditions de réussite des cures, notamment des régimes amincissants. Bien entendu, si vous êtes en forme, il vous suffit de vous limiter aux cures de saison.

Les conseils valables pour des périodes déterminées – notamment les débuts de cure de saison, les régimes ou les meilleures dates pour se couper les cheveux ou les ongles – sont indiqués dans les cases des jours correspondants. Mais, à côté de ces dates «incontournables», il y a une majorité de jours qui n'ont rien de spécial. Plutôt que de laisser les cases vides, j'ai préféré vous donner des trucs de santé ou des informations sur des maladies, des soins ou des thérapies naturelles. Ainsi, vous picorerez ce *Guide de la Lune* jour après jour, glanant les bonnes idées et oubliant ce qui ne vous concerne pas.

Dans tous les cas, si vos troubles sont graves et si vous avez le moindre doute, consultez votre médecin. Il ne faut jamais interrompre un traitement en cours pour lui substituer une automédication. La phytothérapie familiale est un bon activateur des autres traitements, mais ne les remplace pas.

DE DÉCEMBRE 2021
À DÉCEMBRE 2022

La flèche droite ou indique le sens croissant ou décroissant.
La flèche oblique ou indique le sens montant ou descendant.

MERCREDI 4

Lune croissante descendante

+ Au jardin

- Pour le Nord et l'Est, protégez les brocolis et les artichauts en paillant tige et tête.
- Préparez dès maintenant la terre pour la plantation des jeune griffes d'asperges.

Santé - Beauté

- Préférez les fruits et légumes bio : il y a une vraie différence de saveur. Et c'est bien meilleur pour la santé (et l'environnement !).

NLA

JEUDI 5

Lune décroissante descendante

= Au jardin

- Protégez les camélias. S'ils résistent assez bien aux températures basses, la neige a tendance à brûler leurs boutons.

Santé - Beauté

- Abcès au sein : tremper pendant cinq minutes une feuille de chou dans de l'eau bouillante, puis la mettre aussi chaude que possible sur la peau.

VENDREDI 6

Lune décroissante montante

− Au jardin

- Protégez du gel vos plantes alpines duveteuses avec une plaque de plexiglas posée et maintenue sur des pieds de bois ou des cailloux.

Santé - Beauté

- Un bon feu dans la cheminée, des tisanes chaudes, une couette (à partager si possible), des massages et un bon livre, voilà la recette du bonheur.

A

Symbole du jour.
Il peut être :

Fleurs
Feuilles
Fruits
Racines

(+) Lune très favorable
(=) Lune sans incidence
(−) Lune risquée ou défavorable

Phases de la lune

Pleine lune
Dernier quartier
Nouvelle lune
Premier quartier

Dans le bas du cadre apparaît parfois l'une de ces indications :

M la lune devient montante
D la lune devient descendante
A la lune est à son apogée
P la lune est à son périgée
ÉS éclipse de soleil
ÉL éclipse de lune
NLA nœud lunaire ascendant
NLD nœud lunaire descendant

MERCREDI 1ER

Lune décroissante descendante

+

Au jardin

- Ramassez les bulbes à floraison estivale, nettoyez-les, laissez-les sécher à l'air.
- Débitez le bois de chauffage en bûches et coupez le bois d'œuvre.

Santé - Beauté

- 2 jours favorables pour les opérations chirurgicales sur les organes « mous », la peau ainsi que pour les prises de sang.

JEUDI 2

Lune décroissante descendante

=

Au jardin

- Couvrez vos châssis.
- Taille de formation des glycines.
- Plantez les pensées, semées en godet.
- Jusqu'au 9, la lune ne vous aidera pas du tout.

Santé - Beauté

- 43 % de la population a déjà été en contact avec la toxoplasmose (souvent sans le savoir) et 90 % chez les patients atteints de schizophrénie ou de troubles bipolaires.

VENDREDI 3

Lune décroissante descendante

–

Au jardin

- Cette semaine ne sera pas propice au jardinage. De toute façon, à cette période, le jardin commence à s'endormir et a moins besoin de vous.

Santé - Beauté

- Ne soyez pas surpris si vous commencez à sentir des nausées, vertiges, angoisses… l'éclipse c'est demain soir !

SAMEDI 4

Nouvelle Lune descendante

–

Au jardin

• Profitez de cette lune capricieuse pour prévoir une rotation des cultures pour l'année prochaine. Jamais une même famille sur une même parcelle 2 années de suite.

Santé - Beauté

• Éclipse solaire totale : augmentation significative du risque de dépression et d'urgence cardiovasculaire ou traumatique. Soyez prudent ! Pas d'excès !

NL P

DIMANCHE 5

Lune croissante descendante

–

Au jardin

• Les dictons du mois:
« En décembre, fais du bois et endors-toi. »
« En décembre, mieux valent gel et glace que soleil vivace. »

Santé - Beauté

• L'amnésie traumatique est une forme inconsciente de défense. Suite à des violences sexuelles ou autres, on efface une partie de sa mémoire.

LUNDI 6

Lune croissante montante

–

Au jardin

• Réfléchissez à comment rendre votre jardin plus beau, plus original, plus varié. Pensez aux murets, aux terrasses, aux bassins…

Santé - Beauté

• Les femmes en préménopause commenceront une cure de phytohormones avant de démarrer un régime minceur.

M

MARDI 7

Lune croissante montante

Au jardin

–

• Les murets et talus cassent la monotonie d'un terrain plat. Pour les terrains en pente, les terrasses donneront du caractère au jardin et vous faciliteront le travail.

Santé - Beauté

• Acouphènes.
Imbibez un coton de jus d'oignon et le glisser dans le conduit auditif. Renouvelez 2 ou 3 fois par jour.

MERCREDI 8

Lune croissante montante

Au jardin

–

• Sur vos murets, installez des jeunes plants plus faciles à s'enraciner (romarin, menthe, lavande…). Semis de rustiques : valériane, giroflée, ravenelle…

Santé - Beauté

• Une acidose chronique entraîne une perte de minéraux alcalins (magnésium ou calcium). L'organisme puisera dans ses réserves pour maintenir son équilibre.

JEUDI 9

Lune croissante montante

Au jardin

=

• Vérifiez que vos plantes grimpantes sont bien attachées.
• Arrosez les agrumes rentrés sous serre toutes les 2 semaines.

Santé - Beauté

• Le calcium animal (lait de vache, fromage, etc.) entraîne une acidose et une fuite de notre propre calcium. Le calcium végétal se trouve dans tous les légumes verts.

VENDREDI 10

Lune croissante montante

Au jardin

- Prélevez les boutures et laissez-les dans l'eau jusqu'à la prochaine lune descendante.
- Taille de « Noël » des rosiers, qui permet une floraison plus précoce.

Santé - Beauté

- Entre la nouvelle lune et le premier quartier, coupez les pointes de vos cheveux, leur croissance se trouvera stimulée.

SAMEDI 11

Premier quartier montante

Au jardin

- Buttez les jeunes rosiers sensibles au froid en ramenant un monticule de terre de 15-20 cm sur le collet et le point de greffe du gel, autour de la base des tiges.

Santé - Beauté

- Plus nombreuses que nos propres cellules, plus de 100 000 milliards de bactéries habitent en nous, majoritairement dans les intestins.

PQ

DIMANCHE 12

Lune croissante montante

Au jardin

- Retournez le compost en retirant cailloux et bouts de bois.
- Plantez les échalotes grises.
- Plantez les haies.

Santé - Beauté

- Plus de 3000 tonnes d'aliments sont irradiées au cobalt 60, chaque année en France : ails, oignons, aromates séchés ou surgelés, épices, fruits secs…

LUNDI 13

Lune croissante montante

Au jardin

• Nettoyez les écorces pour enlever les lichens, champignons, mousses et algues en grattant les troncs avec une brosse.

Santé - Beauté

• Les algues sont des aides minceur et anti-cancer. Elles protègent le système cardiovasculaire et stimulent l'oxygénation des globules rouges.

MARDI 14

Lune croissante montante

Au jardin

• Récupérez les feuilles mortes que vous répandrez dans les massifs et au pied des arbustes. Une couche de 10 cm est nécessaire pour être vraiment protectrice.

Santé - Beauté

• L'algue nori, au goût saumâtre, forme de fines feuilles vert sombre. Coupez ou déchirez en morceaux, il faut remuer dans la casserole pour éviter les grumeaux.

MERCREDI 15

Lune croissante montante

Au jardin

• Traités à l'huile blanche de pétrole, les arbres ne risqueront pas une infestation de ravageurs dès leur démarrage, à l'ouverture des bourgeons du printemps.

Santé - Beauté

• Pour sortir de l'alcoolisme, l'abstinence totale est déconseillée. Les rechutes sont plus rapides. Il est plus facile et plus durable de diminuer progressivement.

DÉCEMBRE 2021

JEUDI 16

Lune croissante montante

+

Au jardin

• Récolte de chicorée sauvage, chou pommé, endive, épinard, mâche, poireau, fenouil.

• Prélevez les greffons que vous garderez en jauge jusqu'à février ou mars.

Santé - Beauté

• Ne prenez pas des résolutions intenables : perdre 10 kg, faire 3 heures de sport par semaine… Il faut tout faire progressivement et garder le cap !

VENDREDI 17

Lune croissante montante

=

Au jardin

• Parmi les arbustes qui fleurissent en mars, pensez à planter dès maintenant un cognassier du Japon (Chaenomels x superba).

Santé - Beauté

• La constipation favorise la contamination des virus (herpès, varicelle-zona, cytomégalovirus, Epstein-Barr…). Les virus sont une cause de constipation chronique.

NLA

SAMEDI 18

Lune croissante montante

–

Au jardin

• En hiver, dès que c'est possible, on taille les branches mortes des arbres fruitiers pour éviter que les intempéries ne fassent des dégats.

Santé - Beauté

• Massages et cures (de vigne rouge et d'hamamélis) contre les problèmes circulatoires (jambes lourdes, varices).

A

DIMANCHE 19

Pleine Lune montante

Au jardin

- Pleine lune médiocre, proche de la lune descendante. Restez chez vous et lisez des livres de jardinage. Pourquoi pas *J'aime les mauvaises herbes* chez Marabout ?

Santé - Beauté

- La taurine est un acide aminé qui améliore le métabolisme des muscles, renforce la rétine et favorise nombre de réactions biochimiques.

PL

LUNDI 20

Lune décroissante descendante

Au jardin

- Il existe des arbustes qui fleurissent en hiver comme le Camellia Cinnamon Cindy dont les boutons roses donnent des fleurs blanches (de fin décembre à fin février).

Santé - Beauté

- Vous souffrez d'hypertension ? Limitez le sel remplacez-le par le bicarbonate de soude et le sel de potassium.

D

MARDI 21

Lune décroissante descendante

Au jardin

- Le bambou forme des haies infranchissables. Une fois que vous avez fait le trou, entourez-le avec des tuiles plates pour limiter la prolifération des rhizomes.

Santé - Beauté

- Seul bon jour du mois pour aller chez le coiffeur pour une coupe généreuse. Préférez une simple taille des pointes.

DÉCEMBRE 2021

MERCREDI 22

Lune décroissante descendante

Au jardin

- Éliminez les limaces avec de la cendre, des peaux de pamplemousse, des sacs humides…
- Coupez le bois de chauffage.

Santé - Beauté

- Soins intensifs de peau : masques et application d'huile, de yaourt, d'argile, de miel ou de concombre…

JEUDI 23

Lune décroissante descendante

Au jardin

- Protégez du gel vos plantes alpines duveteuses avec une plaque de plexiglas posée et maintenue sur des pieds de bois ou des cailloux.

Santé - Beauté

- Bain anticellulite : 20 gouttes d'HE de genévrier dans 3 c. à s. de bicarbonate de soude à diluer sous le robinet.

VENDREDI 24

Lune décroissante descendante

Au jardin

- Coupez des branches de houx, de pin, des rameaux de cornouiller ou de noisetier tortueux, pour les décorations de Noël.

Santé - Beauté

- Ce soir, au réveillon, attention aux excès ! Buvez beaucoup d'eau et, dès demain, prenez des tisanes drainantes ou du sirop d'épine-vinette.

SAMEDI 25

Lune décroissante descendante

Au jardin

• Les traitements d'hiver évitent bien souvent des interventions en cours de végétation, mais évitez les pulvérisations qui pourraient geler en cette saison.

Santé - Beauté

• L'épine-vinette (berberis vulgaris) est antibiotique, antifongique, dépurative, euphorisante et immunostimulante. On trouve des baies séchées en magasins bio.

DIMANCHE 26

Lune décroissante descendante

Au jardin

• Ne vous hâtez pas dans les semis et repiquages, attendez janvier.
• Apportez de la chaux si la mousse envahit vos pelouses.

Santé - Beauté

• Sirop hépatique : faire mijoter et réduire 100 g de baies d'épine-vinette dans 100 ml d'eau. Écraser au pilon, filtrer à la passoire. Ajouter 300 ml de sirop d'érable.

LUNDI 27

Dernier quartier descendante

Au jardin

• Élaguez les arbres pour alléger la ramure. Mieux vaut le faire régulièrement plutôt que de procéder à un étêtage brutal qui laisse des plaies trop importantes.

Santé - Beauté

• Le sirop d'épine-vinette se conserve au frigo. On l'utilise dilué (1 c. à c.) dans l'eau ou la tisane. Non seulement il stimule le foie mais aussi les intestins.

MARDI 28

Lune décroissante descendante

+

Au jardin

• Mettez au compost les végétaux morts, mais pas ceux qui sont contaminés : infections, larves d'insectes, maladies fongiques… Brûlez !

Santé - Beauté

• Jadis, contre l'herpès, on donnait un dépuratif à base de bardane, saponaire, pensée sauvage et fumeterre. Il serait plutôt indiqué pour les troubles urinaires.

MERCREDI 29

Lune décroissante descendante

+

Au jardin

• Le bois de chauffage doit être bien sec afin d'éviter la formation de bistre dans les conduits, principale cause des explosions de cheminées.

Santé - Beauté

• Recette du dépuratif : dans 1 litre d'eau portée à ébullition, mettre 2 à 3 g de chacune des 4 plantes. Boire l'infusion dans la journée. Recommencer pendant 15 jours.

JEUDI 30

Lune décroissante descendante

=

Au jardin

• Protégez les camélias. S'ils résistent assez bien aux températures basses, la neige a tendance à brûler leurs boutons.

• Déplacez les pivoines si nécessaire.

Santé - Beauté

• N'oubliez pas la petite sieste avant une nuit blanche. Quand on est reposé, on s'amuse mieux et on contrôle plus facilement les excès de boisson et de nourriture.

VENDREDI 31

Lune décroissante descendante

–

Au jardin

• Le jardin n'aura pas besoin de vous aujourd'hui, alors restez au chaud pour fêter la nouvelle année !

Santé - Beauté

• Le plaisir et la fête sont aussi des remèdes ! Et puis, vous aurez le week-end pour vous reposer et vous en remettre !

NLD

Quelques recettes pour mieux passer les fêtes de fin d'année

• *À partir de la première semaine de décembre, renforcez vos défenses immunitaires avec, au choix, shiitake, gelée royale, maca, rhodiola ou ginseng. Prenez des probiotiques (ou de la levure de bière) et de la vitamine C. Buvez beaucoup d'eau.*

• *Une semaine avant Noël :*

– *Faites une cure de chardon-Marie (ou de Desmodium) et de Chrysantellum (en vente dans les magasins bio).*

– *Buvez beaucoup de tisanes de romarin ou d'origan (marjolaine) dans la journée. Le soir, infusion de tilleul, de sauge ou d'aubépine.*

– *Continuez les probiotiques.*

– *Parfumez vos plats avec du basilic.*

• *Alternez les bains à l'huile essentielle de romarin, de citron, de genévrier, de pin sylvestre ou de pamplemousse.*

JANVIER 2022

SAMEDI 1ER

Lune décroissante descendante

–

Au jardin

- Le périgée est le jour où la Lune est au plus près de la Terre. C'est une période souvent défavorable.
- Vérifiez le drainage sous les pots et les massifs.

Santé - Beauté

- Cumul des facteurs de risques : changement de sens et nouvelle lune demain, grandes marées…
- Maîtrisez vos émotions avec des tisanes de tilleul et d'aubépine.

P

DIMANCHE 2

Nouvelle Lune montante

–

Au jardin

- Réfléchissez à l'organisation du potager. N'installez pas une même famille de plantes 2 années de suite sur la même parcelle, surtout les crucifères.

Santé - Beauté

- Attention aux susceptibilités et crises de tristesse : vous y serez particulièrement sensible jusqu'au mardi, si vous vous sentez fragile.

NL M

LUNDI 3

Lune croissante montante

–

Au jardin

- Pas de travaux sensibles (surtout au potager) les jours notés « – ».
- La lune vous donnera un sérieux coup de main les jours notés « + ».

Santé - Beauté

- Faible en glucide, donc peu calorique, la stevia a un pouvoir sucrant 300 fois supérieur au saccharose. Elle est compatible avec les régimes hypoglycémiques.

MARDI 4

Lune croissante montante

Au jardin

• Vérifiez bulbes et semences, outils et planches… Les grands travaux commencent demain !

Santé - Beauté

• Les condylomes autres que génitaux disparaissent souvent seuls. Prenez du soufre en huile de Haarlem, du citrate de magnésium et du cuivre.

MERCREDI 5

Lune croissante montante

Au jardin

• Du 5 au 25 de janvier, excellente période pour le jardin.
• Commencez l'installation des bulbes et rhizomes d'été.

Santé - Beauté

• Petite visite chez votre coiffeur pour un léger rafraîchissement jusqu'à ce vendredi. Teintures possibles.

JEUDI 6

Lune croissante montante

Au jardin

• Ne piétinez pas une pelouse gelée.
• Pas de traitement foliaire par risque de pluie ou de gel.

Santé - Beauté

• La frigidité et les problèmes de libido peuvent être soignés avec l'homéopathie. Il faut bien sûr consulter un spécialiste.

JANVIER 2022

VENDREDI 7

Lune croissante montante

= **Au jardin**

• Profitez de votre inactivité relative pour fabriquer vos « phytosanitaires » maison et 100 % bio !

Santé - Beauté

• Début de toux grasse avec douleurs dans la gorge et les bronches : Ferrum Phosph. 9 CH. Gorge qui gratte et toux sèche : Rumex 9 CH.

SAMEDI 8

Lune croissante montante

+ **Au jardin**

• Insecticide au savon noir. Dans un seau, mélangez 1 litre d'alcool à brûler, une poignée de gros sel, 200 g de savon noir. Ajoutez 8 l d'eau.

Santé - Beauté

• Depuis la Haute Antiquité, les vertus de l'ail (vermifuges, anti-infectieuses, anti-dépressives…) sont vantées par les médecins.

DIMANCHE 9

Premier quartier montante

+ **Au jardin**

• Pulvérisez du savon noir à tout moment de l'année (sauf en période de gel), aussi bien en préventif qu'en curatif et ce jusqu'à la formation des fruits.

Santé - Beauté

• Abcès, plaies récentes, ulcères des jambes, brûlures, furoncles, dartres et impétigo… Faites un cataplasme de carotte râpée.

PQ

LUNDI 10

Lune croissante montante

Au jardin

• Vérifiez si vos semences n'ont pas pris l'humidité. Faites le tri.
• Taillez les haies de conifères.

Santé - Beauté

• Ménopause ou préménopause : commencez les phytohormones avant de démarrer un régime minceur.

MARDI 11

Lune croissante montante

Au jardin

• Brossez les arbres avec un gant ou une brosse métallique pour retirer lichens et mousses. Mais en respectant l'épaisseur de l'écorce.

Santé - Beauté

• Soja, trèfle rouge, luzerne, yam, maca, gattilier, etc., sont des phytohormones vendues en pharmacies et boutiques diététiques.

MERCREDI 12

Lune croissante montante

Au jardin

• Travaillez le sol. L'herbe au pied des arbres favorise la gelée : c'est l'occasion d'enfouir superficiellement (10 cm) un engrais vert.

Santé - Beauté

• Sachez doser : prises en excès, les phytohormones ainsi que le ginkgo biloba et la petite pervenche peuvent provoquer des maux de tête.

JEUDI 13

Lune croissante montante

Au jardin

• Le terreau est constitué de compost — et/ou de fumure — qui a tellement fermenté qu'il s'est transformé en une terre homogène.

Santé - Beauté

• Période très favorable à l'activité intellectuelle ou créatrice. Profitez-en car, après la pleine lune vous serez un peu moins performant.

NLA

VENDREDI 14

Lune croissante montante

Au jardin

• Le compost pur, même très fin, est trop riche, trop azoté pour vos plantes.
• Le bon terreau de semis doit être mélangé avec du sable.

Santé - Beauté

• Pour éliminer l'acné et les problèmes de peau, évitez les produits laitiers (même allégés), les charcuteries, l'alcool et les sucreries.

A

SAMEDI 15

Lune croissante montante

Au jardin

• Dans une pièce, rangez vos pommes de terre à planter, droites dans une cagette, les unes contre les autres, les yeux sur le dessus.

Santé - Beauté

• Luminothérapie : installez des éclairages très blancs mais non fluorescents. Le soir et le matin, préférez les éclairages jaunes ou orange.

DIMANCHE 16

Lune croissante descendante

Au jardin

- Pucerons, cochenille, mouches blanches, araignées rouges se traitent encore mieux au purin d'ortie ou avec l'huile à l'ail.

Santé - Beauté

- En cas de contracture musculaire, Lacticum acidum 4 CH, 3 gr toutes les 20 min. Ou bien massage à l'HE de Gaultheria procuberens.

D

LUNDI 17

Lune croissante descendante

Au jardin

- Fabriquez votre huile à l'ail, insecticide très efficace. 100 g d'ail broyé, 1 hareng saur, ¼ d'huile d'olive.

Santé - Beauté

- Avant et après la récolte, les citrons sont aspergés de produits phytosanitaires. Préférez les agrumes avec un label bio.

MARDI 18

Pleine Lune descendante

Au jardin

- Laissez macérer, 5 jours, d'une part l'ail dans de l'huile et, d'autre part, le hareng dans 1 l d'eau. Mélangez et filtrez les 2 liquides. Diluez à 10 %.

Santé - Beauté

- Jusqu'au 21 janvier, excellente configuration : la lune décroît et descend mais attendez le 21 pour vous occuper sérieusement de vos cheveux et de vos poils !

PL

JANVIER 2022

MERCREDI 19

Lune décroissante descendante

+

Au jardin

• Les jours « Feuilles » concentrent l'humidité dans les racines ou dans les fruits et produisent plus facilement pourritures et maladies fongiques.

Santé - Beauté

• Aphtes et maux de gorges… Faites des gargarismes et des bains de bouche de décoction de feuilles de carottes.

JEUDI 20

Lune décroissante descendante

+

Au jardin

• Profitez du froid pour tailler sérieusement les vieux arbres peu prolifiques : ils redémarreront au printemps !

Santé - Beauté

• Coupez vos cheveux et vos ongles ou démarrez une cure minceur : période très favorable jusqu'au 25.

VENDREDI 21

Lune décroissante descendante

+

Au jardin

• Labours, bêchages, ratissages si cela n'a pas été possible plus tôt.
• Élaguez les arbres.
• Serre : traitez contre la mouche blanche.

Santé - Beauté

• Pour mincir rapidement, interdisez-vous toute céréale occidentale : blé, avoine, orge… Même l'épeautre est interdit.

SAMEDI 22

Lune décroissante descendante

Au jardin

• En prévision de vos plantations de mars (rhododendrons, azalées), creusez profond (jusqu'à 1 mètre) pour installer votre massif de terre de bruyère.

Santé - Beauté

• L'arrêt des céréales (même complètes) accélérera votre transit, détoxifiera votre organisme... et vous fera retrouver votre bonne humeur !

DIMANCHE 23

Lune décroissante descendante

Au jardin

• Incorporez du fumier bien décomposé ou du compost acide dans votre terre de bruyère.
• Paillez les rosiers et les arbustes fragiles.

Santé - Beauté

• Le meilleur moment du mois pour commencer votre cure minceur. Buvez beaucoup d'eau par petites quantités. Limitez le café qui appelle le sucre.

LUNDI 24

Lune décroissante descendante

Au jardin

• Tassez fortement les pieds des rhododendrons et des azalées car les plantes ont été soulevées par le gel.
• Secouez la neige en excès sur les branches.

Santé - Beauté

• Aujourd'hui et demain, deux jours très favorables pour programmer si besoin des soins dentaires ou une opération chirurgicale.

JANVIER 2022

MARDI 25

Dernier quartier descendante

+

Au jardin

• Semez le gazon pour un solide enracinement : il sera plus dru et poussera moins vite.
• Épandez les engrais à base d'algues jusqu'à fin janvier.

Santé - Beauté

• Salmonellose : évitez tout contact avec les volailles et les oiseaux de compagnie. Lavez-vous les mains juste après avoir touché un volatile.

DQ

MERCREDI 26

Lune décroissante descendante

=

Au jardin

• Dans l'Est de la France et en Belgique, il est indispensable d'installer une petite serre qui permettra d'accélérer la germination et le repiquage.

Santé - Beauté

• Les huiles essentielles peuvent annuler le « message » d'un remède homéopathique. Ne pas utiliser ces 2 traitements en même temps.

JEUDI 27

Lune décroissante descendante

–

Au jardin

• Décoratives, les bordures délimitent les zones de végétation, retiennent le gravier des allées et les mauvaises herbes et coupent le vent de surface…

Santé - Beauté

• Un nœud descendant perturbe aussi l'organisme humain et amplifie les hémorragies. Évitez si possible toute intervention chirurgicale.

NLD

VENDREDI 28

Lune décroissante descendante

Au jardin

• Installez vos bordures. Accolez les matériaux sans coller ni jointer : les intempéries et la roue de la brouette feraient sauter le mortier.

Santé - Beauté

• Les compléments alimentaires sont des substances naturelles qui permettent de lutter contre le vieillissement, la fatigue, et de renforcer vos défenses naturelles.

SAMEDI 29

Lune décroissante descendante

Au jardin

• S'il neige, ne laissez pas les couches épaisses s'accumuler sur les branches des arbres fruitiers. En revanche, laissez les couches fines.

Santé - Beauté

• Parmi les compléments alimentaires, on trouve les vitamines, les oligo-éléments, les acides aminés et bien d'autres produits souvent très efficaces.

DIMANCHE 30

Lune décroissante montante

Au jardin

• Période détestable au jardin jusqu'au 2 février. Ne prenez pas de risque. De toute façon le temps ne sera sans doute pas favorable non plus.

Santé - Beauté

• Ne multipliez pas les prises de compléments alimentaires. Pas plus de 4 ou 5 et en cure d'au moins 20 jours pour une réelle efficacité.

LUNDI 31

Lune décroissante montante

Au jardin

- Tuteurez les arbres fruitiers.
- Apportez de l'engrais (purin d'ortie ou de consoude concentrée) au pied des arbres fruitiers.

Santé - Beauté

- Les personnes allergiques (pollen, poussière, poils de chat, médicaments…) seraient plus sensibles aux infections virales.

Hildegarde et le jardin de simples

Les simples sont des plantes médicinales. C'est au Moyen Âge que les moines ont conçu l'organisation de jardins selon un mode géométrique et symbolique. L'herbularius ou jardin des simples était disposé en 5 carrés protégés des pollinisations sauvages par des palissades en croisillons ou des bordures de buis. Chaque carré symbolisait l'un des 5 sens: le goût, le toucher, l'odorat, la vue et l'ouïe.

La première phytothérapeute est Hildegarde de Bingen. Répertoriant toutes les connaissances de l'époque, elle cultiva les simples, observa les malades et rédigea les premières recettes médicinales. Les guérisons se multiplièrent par milliers. Rapidement, elle eut la réputation d'être une sainte capable de faire des miracles. Ses recettes ont servi durant des siècles et sont toujours d'actualité. Si vous voulez fabriquer vous-même ses remèdes de santé à partir des plantes de votre jardin et en toute sécurité, procurez-vous Les Remèdes de santé d'Hildegarde de Bingen *(éd. Marabout).*

MARDI 1ER

Nouvelle Lune montante

– Au jardin

• Reposez-vous, allez vous promener mais ne tentez rien au jardin !
• Contentez-vous de l'entretien des outils ; c'est déjà pas mal !

Santé - Beauté

• Aïe, aïe, nouvelle lune risquée… Attendez samedi si vous voulez rafraîchir les pointes de vos cheveux.

NL

MERCREDI 2

Lune croissante montante

= Au jardin

• Très grandes marées. Évitez les travaux sensibles (greffes, plantations, semis…) jusqu'au 7 janvier.

Santé - Beauté

• Le jus de grenade et le lycopène (composant de la tomate) sont des amis de votre prostate et possèdent de réelles propriétés anti-cancer.

JEUDI 3

Lune croissante montante

= Au jardin

• À l'intérieur, pensez à tous les travaux (dont les semis) pour les plantes de balcon : pétunias, géraniums, bégonias…

Santé - Beauté

• Jour parfait pour une manucure ou une pédicure.
• Règles douloureuses : 2 capsules d'huile d'onagre, le 14e jour du cycle, le matin pendant 15 jours.

FÉVRIER 2022

VENDREDI 4

Lune croissante montante

Au jardin

- Coupez le bois de menuiserie ou de sculpture.
- Au Sud de la Loire, semez l'alkékenge à repiquer début mars.

Santé - Beauté

- Très bon pour protéger le cœur, l'épinard est aussi un anti-cancer. Il nettoie l'estomac et les intestins. Il donne un bon coup de fouet en cas de fatigue.

SAMEDI 5

Lune croissante montante

Au jardin

- Semez poireaux et choux sous châssis en arrosant modérément.
- Prélevez les boutures et laissez-les dans l'eau jusqu'à la lune descendante.

Santé - Beauté

- Jusqu'au 7, petite visite chez votre coiffeur pour un léger rafraîchissement.
- Pour les teintures, attendez lundi.

DIMANCHE 6

Lune croissante montante

Au jardin

- Désherbez les massifs.
- Aérez la serre quand il fait beau et, avant de la refermer, traitez contre la mouche blanche.
- Taillez le lierre.

Santé - Beauté

- Contre les pellicules, avant le shampoing, friction avec 50 ml d'huile d'olive et 30 gouttes d'huile essentielle de tea tree.

LUNDI 7

Lune croissante montante

+ **Au jardin**

- Carence en bore.

Les céleris ont des tiges tachetées, les légumes racines brunissent à l'intérieur, les pommes des choux-fleurs deviennent brunes.

Santé - Beauté

- Les feuilles d'épinard posées avec un bandage sur une blessure ou une brûlure activent la cicatrisation. Changez le pansement toutes les 2 heures.

MARDI 8

Premier quartier montante

+ **Au jardin**

- La carence en bore rend les fruits du verger liégeux. Dans tous les cas, apports de purin de consoude de février à mai.

Santé - Beauté

- Des chercheurs de Harvard ont très sérieusement calculé qu'une moyenne de 21 éjaculations par mois réduisait le cancer de la prostate de 30 %.

PQ

MERCREDI 9

Lune croissante montante

= **Au jardin**

- Si le temps est froid et le sol détrempé, inutile de semer, mieux vaut attendre un peu.
- Apportez des cendres aux vivaces.

Santé - Beauté

- Les teintures peuvent être faites indifféremment en lune croissante ou décroissante mais préférez les jours « Fleurs » ou « Racines ».

NLA

JEUDI 10

Lune croissante montante

Au jardin

• Il faut déclarer votre ruche à la Direction des services vétérinaires de votre département. Et prenez une assurance spécifique, très peu chère.

Santé - Beauté

• Jusqu'au 15, période exceptionnelle pour se soigner, pratiquer un sport intensif, rencontrer des amis : vous avez le moral au beau fixe !

VENDREDI 11

Lune croissante montante

Au jardin

• Si vous avez des enfants, installez autour de votre ruche un grillage de sécurité de 5 m à 10 m. Prévoyez un point d'eau fraîche et… prévenez vos voisins.

Santé - Beauté

• L'eau du robinet est « potable » mais chargée de produits chimiques et de métaux lourds qui, même à faibles doses, s'accumulent dans l'organisme.

A

SAMEDI 12

Lune croissante descendante

Au jardin

• Une ruche doit être installée au soleil, en hauteur, pour éviter l'humidité, entrée au sud ou au sud-est. Vérifiez sa stabilité.

Santé - Beauté

• Eau : ne buvez plus d'eau du robinet. Installez un osmoseur pour éviter le transport des bouteilles d'eau de source et pour cuire vos aliments.

D

DIMANCHE 13

Lune croissante descendante

+ Au jardin

• Le plus simple, c'est de prendre contact avec un apiculteur qui sera heureux d'installer l'une de ses propres ruches dans votre jardin !

Santé - Beauté

• Pour les massages, c'est mieux d'utiliser une huile végétale + 3 gouttes d'une huile essentielle en rapport avec le soin.

LUNDI 14

Lune croissante descendante

+ Au jardin

• Coupez le bois de chauffage.
• Arrachez les poireaux si le temps est doux.
• Élaguez les arbres ayant trop d'ampleur.

Santé - Beauté

• Pluie de météorites : c'est le moment de faire un souhait le jour de la Saint Valentin.
• Essayez les tisanes de passiflore ou d'aubépine en cas d'insomnie.

MARDI 15

Lune croissante descendante

+ Au jardin

• Vous ne voulez pas rester le nez collé au *Guide de la Lune* ? Alors, suivez une règle simple, semez quelques jours avant la pleine lune.

Santé - Beauté

• À partir de demain, allez-y, taillez dans la masse de vos cheveux ! Ils repousseront avec plus de vigueur.

FÉVRIER 2022

MERCREDI 16

Pleine Lune descendante

Au jardin

- Excellente pleine lune.
- Commencez les semis, la germination sera accélérée, avec un excellent enracinement et sans excès de feuilles.

Santé - Beauté

- Bonne pleine lune pour se couper les cheveux, s'épiler, démarrer un régime…
- Cela n'empêche pas les énervements spontanés !

PL

JEUDI 17

Lune décroissante descendante

Au jardin

- Jour idéal pour tous les semis, les repiquages et les plantations.
- Semez légumes à « fruits » sous abri : concombre, courgette, haricot, melon, potiron.

Santé - Beauté

- Après une épilation, n'oubliez pas de soulager votre peau avec des huiles végétales (amande, olive, noyau d'abricot…) et des huiles essentielles.

VENDREDI 18

Lune décroissante descendante

Au jardin

- Semez et arrosez pois, fèves et légumes à « fruits » avec un purin d'ortie ou de prêle.
- Taillez les cassissiers et les framboisiers.

Santé - Beauté

- Prenez des bonnes résolutions : à partir de demain plus de fromage ni de charcuterie. Et dès que vous vous en sentirez capable, supprimez le gluten.

SAMEDI 19

Lune décroissante descendante

Au jardin

• Récoltez topinambour et panais.
• Dernière limite pour épandre en pleine terre les engrais concentrés à base d'algues.

Santé - Beauté

• Trois jours pour démarrer votre cure de printemps.
• Alternez les tisanes de bruyère le matin et de reine-des-prés le soir.

DIMANCHE 20

Lune décroissante descendante

Au jardin

• Pour vos semis, tenez compte qu'il existe 5 climats répartis sur la France et la Belgique : continental, montagneux, océanique, tempéré et méditerranéen.

Santé - Beauté

• Les masques pour les cheveux (application d'huile ou d'argile) sont préférables après la pleine lune (donc après une coupe), en lune décroissante.

LUNDI 21

Lune décroissante descendante

Au jardin

• Bassin : placez les nouvelles plantes (ou disposez les pots qui maintiennent la terre). Nourrissez vos poissons en attendant que la végétation redémarre.

Santé - Beauté

• Le chou, le chou-fleur et le brocolis se mangent crus ou cuits. Les feuilles en cataplasmes soulagent les œdèmes, les varices, les rhumatismes.

FÉVRIER 2022

MARDI 22

Lune décroissante descendante

=

Au jardin

• La culture des plantules en pots pendant plus de 6 semaines nécessite un apport d'engrais. Toutes les trois semaines, préférez les formes liquides.

Santé - Beauté

• Élixirs floraux : si vous avez tendance à être susceptible, prenez un élixir floral comme Beech ou Acrimony ou Camomille.

MERCREDI 23

Dernier quartier ☾ descendante

–

Au jardin

• Préparez et désinfectez les rames avec de l'alcool à brûler pour vos plantations de pois et de haricots.

Santé - Beauté

• Vous ne contrôlez pas vos bouffées d'inquiétude ou de jalousie ? Essayez la leibothérapie (élixirs floraux). Prenez Holly par exemple.

DQ NLD

JEUDI 24

Lune décroissante descendante

=

Au jardin

• Traitements à la bouillie bordelaise, modérés et par temps sec.
• Préparez la terre de vos pelouses.

Santé - Beauté

• Vous êtes timide ? Vous avez le trac ? Essayez les élixirs floraux Aspen ou Mimulus.
• Les personnes indécises devraient essayer l'élixir Cerato.

VENDREDI 25

Lune décroissante descendante

= **Au jardin**

• Par temps sec et doux, commencez les traitements contre la cloque du pêcher : purin d'ortie, décoction de prêle, bouillie bordelaise.

Santé - Beauté

• L'élixir floral Wild Oat évite de disperser son énergie et permet de canaliser son talent. 3 gouttes trois par jour sous la langue.

SAMEDI 26

Lune décroissante montante

– **Au jardin**

• Les hérissons sont d'excellents insectivores et donc conseillés dans un jardin ! Sauf qu'ils sont l'un des vecteurs majeurs des tiques et de la maladie de Lyme.

Santé - Beauté

• Contre les brûlures d'estomac, grignotez des amandes et cuisinez à l'huile d'olive. Supprimez sucre, fruits acides (tomate), café et alcool.

M P

DIMANCHE 27

Lune décroissante montante

– **Au jardin**

• La présence au jardin doit être régulière. Mieux vaut y être souvent et peu longtemps. Vous connaîtrez mieux vos plantations et vous les soignerez mieux.

Santé - Beauté

• Contre les mauvaises odeurs, passez vos pieds, matin et soir, à la douche écossaise. Vous stimulerez la circulation sanguine et limiterez la transpiration.

LUNDI 28

Lune décroissante montante

Au jardin

- Derniers coups de sécateur pour les fruitiers à pépins. Pour les groseilliers, tout doit être fini début mars.
- Binez les fraisiers.

Santé - Beauté

- Jour propice aux soins dentaires, aux prises de sang et aux opérations chirurgicales. Vous saignerez moins et vous vous rétablirez rapidement.

Semez et plantez malin

- *Jamais de crucifères ou de solonacées (pommes de terre, tomates) 2 années de suite sur une même parcelle.*
- *Alternez les rangs de cucurbitacées et de crucifères.*

- *Semez quelques jours avant la pleine lune. Notre satellite aidera vos semis à mieux germer et s'enraciner. Il faut éviter les semis précoces car, d'une part, on ne gagne pas en croissance et, d'autre part, on multiplie les risques de maladies cryptogamiques (champignons). Si vous tenez absolument à semer avec 2 semaines d'avance, couvrez avec un voile en plastique.*

- *Le voile de forçage. À maîtriser avec discernement : il peut vous faire gagner environ 1 semaine… mais vous en faire perdre autant ! Il maintient la chaleur certes, mais il diminue la luminosité de 30 %. Pensez à couvrir la nuit et à découvrir vos plantations et semis par journée ensoleillée et si le temps se radoucit.*

MARDI 1ER

Lune décroissante montante

Au jardin

• Achetez une tondeuse à mulching qui permet de broyer l'herbe et de la laisser sur place. C'est une excellente technique pour tondre votre pelouse.

Santé - Beauté

• Changez vos draps au moins une fois par semaine. Ce sont des nids à bactéries (parfois fécales), à champignons et à acariens.

MERCREDI 2

Nouvelle Lune montante

Au jardin

• Appelé aussi pourriture grise, le botrytis survient à cause d'un excès d'humidité. Il s'installe sur les fleurs fanées avant de coloniser les boutons.

Santé - Beauté

• Les vertus amincissantes et anticancéreuses des algues sont connues depuis longtemps. On en trouve dans les magasins bio.

NL

JEUDI 3

Lune croissante montante

Au jardin

• Le botrytis se traite en préventif en griffant la terre au pied des plantes et par pulvérisation de purin de prêle ou d'huile à l'ail.

Santé - Beauté

• Riche en vitamine C et en bromélaïne, l'ananas devrait être consommé régulièrement, surtout par les personnes âgées. Attention cependant aux aphtes.

VENDREDI 4

Lune croissante montante

=

Au jardin

• Le temps, jusqu'à fin avril, sera très variable. Les perturbations atmosphériques avec des averses seront souvent accompagnées de rafales de vent.

Santé - Beauté

• Le vapotage serait aussi nocif que le tabac car il réduirait l'activité d'une enzyme qui favorise la coagulation, augmentant nettement le risque d'AVC.

SAMEDI 5

Lune croissante montante

=

Au jardin

• Les épinards aiment l'eau mais pas un sol gorgé d'eau. Les racines sont asphyxiées, les feuilles jaunissent. Cultivez-les sur des « planches » surélevées.

Santé - Beauté

• Les femmes qui souffrent d'endométriose peuvent ressentir des douleurs pendant les rapports sexuels.

DIMANCHE 6

Lune croissante montante

+

Au jardin

• Sur le gazon, après disparition de la rosée, pulvérisez de l'extrait fermenté de consoude en prévention contre la fusariose et pour le verdir.

Santé - Beauté

• La chromothérapie : les rayons lumineux et les couleurs agissent sur notre organisme. Alors, choisissez votre couleur !

LUNDI 7

Lune croissante montante

+ Au jardin

• Semez et plantez légumes à « fruits » sous abri : concombre, cornichon, courgette, haricot, melon, potiron.
• Le jour, découvrez les artichauts.

Santé - Beauté

• Le bleu calme, le vert rafraîchit, le rouge stimule, l'orange réchauffe, le jaune réjouit, l'indigo rend plus sensible et le violet… endort.

MARDI 8

Lune croissante montante

+ Au jardin

• Le melon se sème dès avril et jusqu'à la mi-mai, à rangs espacés de 50 cm. Il apprécie une terre riche bien exposée.

Santé - Beauté

• Bourdonnements d'oreilles : ginkgo biloba en comprimés ou mieux encore, en teinture mère (20 gouttes, le matin dans un verre d'eau).

NLA

MERCREDI 9

Lune croissante montante

= Au jardin

• Le quinoa peut être semé dès que le sol commence à se réchauffer, en avril.
• Protégez les fraisiers.

Santé - Beauté

• Selon des chercheurs américains, manger régulièrement des noix limite les risques de cancer, de Parkinson et d'Alzheimer.

MARS 2022

JEUDI 10

Premier quartier montante

+ **Au jardin**

• Multiplication : « éclatez » les souches de cognassiers du Japon, yuccas, asters, pieds d'alouette, rudbeckias, phlox…

Santé - Beauté

• Yeux qui brûlent : compresses d'infusion de bleuet sur les paupières ou tamponnez le tour des yeux (pas trop près) avec l'élixir du Suédois.

PQ

VENDREDI 11

Lune croissante montante

+ **Au jardin**

• Attention aux gelées tardives. Protégez vos semis et fleurs fragiles le soir avec un sac ou une feuille de journal.

Santé - Beauté

• Ne mettez jamais du beurre sur une brûlure. Laissez longtemps la peau sous l'eau tiède (et non froide). Puis tartinez de miel.

A

SAMEDI 12

Lune croissante descendante

+ **Au jardin**

• Semis des plantes rustiques en godets.
• Rempotez et/ou pincez les tiges de chrysanthèmes pour obtenir des fleurs plus grosses fin juin.

Santé - Beauté

• Chantez, inventez, écrivez, dessinez, sculptez, filmez… cette période est stimulante et favorable à l'activité créatrice.

D

DIMANCHE 13

Lune croissante descendante

Au jardin

• Les plantations de rosiers doivent être terminées avant mi-avril.
• Attendez la fin du mois pour planter en bacs et pots les espèces qui nécessitent un tuteur.

Santé - Beauté

• N'oubliez pas cette règle de base pour lutter contre les allergies, le stress et le surpoids : pas de grignotage entre les repas !

LUNDI 14

Lune croissante descendante

Au jardin

• Sur le gazon, après disparition de la rosée, pulvérisez de l'extrait fermenté de consoude en prévention contre la fusariose et pour le verdir.

Santé - Beauté

• La richesse de la prêle en silice organique fait de cette plante un excellent reminéralisant. En cas de fracture, de tendinite ou d'ongles fragiles.

MARDI 15

Lune croissante descendante

Au jardin

• Les haies : les arbustes à feuilles caduques doivent être plantés avant fin mars. Vos outils : un mètre et un cordeau pour l'espacement et l'alignement.

Santé - Beauté

• Sauter un repas n'est nocif que si vous grignotez ou si vous compensez les repas d'après !

MARS 2022

MERCREDI 16

Lune croissante descendante

+ **Au jardin**

• Traitements fongiques, diluez le purin d'ortie ou l'huile à l'ail à 10 % avant pulvérisation. Ne traitez pas les fruitiers en fleurs.

Santé - Beauté

• Videz le réfrigérateur de tous les produits laitiers, achetez des légumes et des fruits. Vendredi, vous commencez sérieusement votre régime minceur !

JEUDI 17

Lune croissante descendante

+ **Au jardin**

• Grandes marées jusqu'au 22.
• Excellente période au jardin avec un risque de poussée hâtive ou de gelées tardives.

Santé - Beauté

• Il faut s'épiler (ou se raser) à la pleine lune ou juste après, si possible en jour « Racine ».
• Jusqu'au 21, la période sera idéale pour vous débarraser de vos poils !

VENDREDI 18

Pleine Lune descendante

+ **Au jardin**

• Suivez le dicton : « Plante l'ail rond à la pleine lune de mars ».
• Bon moment pour capter une source.

Santé - Beauté

• Excellente période jusqu'au 21 pour une bonne coupe de cheveux, bichonner vos ongles, démarrer une cure minceur ou détox.

PL

SAMEDI 19

Lune décroissante descendante

Au jardin

- Coupez les arbres (sauf les résineux) destinés à la charpente.
- Aérez vos châssis. Essuyez la condensation chaque matin sur les vitres.

Santé - Beauté

- Pour détoxifier, c'est la guerre ; il faut agir avec stratégie selon 4 axes : assainir, drainer, éliminer, reconstruire.
- Commencez par supprimer gluten et sucre.

DIMANCHE 20

Lune décroissante descendante

Au jardin

- Plantez les pommes de terre précoces (Charlotte, Belle de Fontenay, Amandine…), elles échappent mieux aux larves de taupins et aux limaces.

Santé - Beauté

- Sauf en cas d'intolérance, pensez à l'ail ou à un concentré de pépins de pamplemousse pour assainir. Buvez régulièrement, à petites gorgées, le matin de préférence.

LUNDI 21

Lune décroissante descendante

Au jardin

- Les greffons se gardent dans le bas du réfrigérateur ou en « jauge », enterrés en oblique dans un trou contenant un mélange de terreau et de sable.

Santé - Beauté

- Pour éliminer, emprisonnez les toxines avec le charbon actif. Les doses doivent être importantes : 2 c. à c. À prendre le soir, pendant 2 jours.

MARDI 22

Lune décroissante descendante

+

Au jardin

• Rempotage et marcottage des plantes aromatiques.
• Posez les bandes de glu autour des troncs des fruitiers.

Santé - Beauté

• 3 jours après le charbon actif, reconstruisez votre flore intestinale avec des probiotiques. Choisissez les formules qui associent un maximum de souches (6 à 8 ferments).

NLD

MERCREDI 23

Lune décroissante descendante

=

Au jardin

• Ne laissez pas grandir trop vite vos haies, elles risquent de se dégarnir au pied, soyez d'autant plus sévère que vos arbustes ne sont pas formés.

Santé - Beauté

• Le magnésium est indispensable à l'organisme. Il faut en prendre en grande quantité. Mais attention, tous les magnésium ne se valent pas.

JEUDI 24

Lune décroissante descendante

–

Au jardin

• Un jardin au cordeau, sans herbes, sans insectes est un jardin sans âme. La perfection est dans l'équilibre… et un peu de folie.

Santé - Beauté

• Forme pernicieuse de magnésium, le stéarate de magnésium est un additif alimentaire qu'on retrouve même dans l'encapsulage des compléments alimentaires bio.

P

VENDREDI 25

Dernier quartier montante

= Au jardin

• Courges, courgettes, concombres : semez en godet. Repiquez quand le plant a 3 ou 4 feuilles, dans un sol déjà enrichi en compost, à 50 cm ou 60 cm de distance.

Santé - Beauté

• Gommage rafraîchissant : 2 c. à. s. de flocons d'avoine + ½ yaourt + 1 pincée de sel fin. Laissez sécher 10 min. Rincez au citron.

DQ M

SAMEDI 26

Lune décroissante montante

+ Au jardin

• Replantez les boutures de groseilliers.

• Supprimez les châssis, sauf pour les plants fragiles (concombres, melons, aubergines, piments…).

Santé - Beauté

• Varices ou rhumatismes : cataplasmes de chou rouge ou vert. Écrasez 3 ou 4 feuilles avec vos paumes ou un rouleau à pâtisserie.

DIMANCHE 27

Lune décroissante montante

= Au jardin

• Pour lever la dormance des graines, trempez-les dans de l'eau très chaude (mais non bouillante) 24 heures avant le semis. Mais attendez le 2 avril.

Santé - Beauté

• Pour les sportifs, l'efficacité d'une supplémentation en chrome, taurine ou en choline n'a jamais été démontrée.

LUNDI 28

Lune décroissante montante

–

Au jardin

• Touchez la terre avec vos mains. Vous vous familiariserez avec elle, vous apprendrez à l'aimer, vous communiquerez avec elle.

Santé - Beauté

• Après passage au micro-ondes, il reste moins de 5 % des antioxydants contenus dans les brocolis. La cuisson à la vapeur en préserve 90 %.

MARDI 29

Lune décroissante montante

–

Au jardin

• Plus les vivaces occupent le terrain, moins elles laissent de place aux mauvaises herbes, limitant ainsi le fastidieux désherbage de printemps.

Santé - Beauté

• Le chrome abaisse les taux de glycémie et de cholestérol. Il active le métabolisme des glucides. À prendre en complément d'un régime minceur.

MERCREDI 30

Lune décroissante montante

–

Au jardin

• Le soleil est aussi au rendez-vous. Et c'est à cette époque très contrastée que la végétation se décide à sortir.

Santé - Beauté

• Le Maiitake (Grifola frondosa) aurait les mêmes propriétés que le shiitaké et serait aussi bénéfique pour lutter contre le diabète et l'obésité.

JEUDI 31

Lune décroissante montante

Au jardin

- N'arrosez pas trop, protégez du vent, vérifiez tuteurs et haubanages, couvrez en prévision des gelées toujours possibles.

Santé - Beauté

- Parmi les plantes médicinales bonnes pour tout : ortie, sureau, angélique, pissenlit.
À prendre en tisanes, en soupes, en confitures…

Les aliments ont aussi leurs jours

Les fruits et les légumes ne gardent l'intégralité de leurs vitamines que quelques jours. Les oligo-éléments et la plupart des autres nutriments, quant à eux, ne disparaissent pas, mais ils sont moins facilement assimilables par l'organisme. Il est donc conseillé de manger des fruits et des légumes aussi frais que possible. C'est encore mieux de les manger le jour de la cueillette, et l'idéal serait de les manger et de les cueillir durant leur « jour ».

- *En jours « Fruits », on déguste les aubergines et les poires, les pommes et les tomates.*
- *En jours « Racines », on profite des pommes de terre et des carottes, de la bardane et des panais.*
- *Le vin aussi obéit à la lune : tirez-le ou mettez-le en bouteilles en lune décroissante et en évitant les périodes de vendanges, il sera meilleur.*
- *Les marinades de viande et de poisson, quant à elles, sont aussi préférables en lune décroissante.*

AVRIL 2022

VENDREDI 1ER

Nouvelle Lune montante

−

Au jardin

• nouvelle lune pénible. Attendez dimanche pour les semis sensibles.
• Pour éloigner les limaces, entourez vos plantations d'un cordon de marc de café.

Santé - Beauté

• Le sel est mauvais pour l'hypertension. L'excès de sel se trouve surtout dans les plats tout préparés.
• Le haricot en grain, (mangez-le avec sa peau), est très reconstituant.

NL

SAMEDI 2

Lune croissante montante

=

Au jardin

• Plutôt que faire tremper vos graines avant semis, faites un enrobage humide de bouse ou compost + terreau + argile + un peu de poudre de charbon de bois.

Santé - Beauté

• En avril et jusqu'au 28 mai, aucun jour idéal pour passer sur le billard ou aller chez le dentiste. Pour les urgences, n'attendez pas, quand faut y aller, faut y aller !

DIMANCHE 3

Lune croissante montante

+

Au jardin

• À partir de demain, cette excellente période jusqu'au 17 vous permettra de rattraper votre retard. Profitez-en !

Santé - Beauté

• Du 3 au 7, petite coupe et soins naturels (argile, huile d'olive, etc.) pour rendre vos cheveux plus souples et qu'ils accrochent mieux la lumière.

LUNDI 4

Lune croissante montante

+ Au jardin

• Avant de prélever vos greffons, arrosez copieusement le sujet sur lequel vous allez tailler vos greffons, et attendez le lendemain pour faire vos greffes.

Santé - Beauté

• La semaine s'annonce parfaite ! Profitez-en pour vous lancer dans les grands projets intellectuels, artistiques, sportifs, associatifs...

NLA

MARDI 5

Lune croissante montante

+ Au jardin

• N'oubliez pas de passer vos greffons dans la bouche, la salive aurait un effet bénéfique. (Des générations de greffeurs ont appliqué cette méthode !)

Santé - Beauté

• Jusqu'au 15 avril, la période est très favorable pour vous chouchouter, commencer une cure ou aller en thalasso !

MERCREDI 6

Lune croissante montante

+ Au jardin

• Pour de grosses aubergines, gardez la tige principale avec 3 à 5 rameaux. Coupez ces rameaux après la feuille qui se trouve au-dessus de la 2e fleur.

Santé - Beauté

• Les feuilles de châtaigner se récoltent au printemps. Séchées, elles sont utilisées en infusion pour soulager les problèmes respiratoires.

AVRIL 2022

JEUDI 7

Lune croissante montante

Au jardin

• Sur un artichaut adulte, prélevez de jeunes éclats à la périphérie du pied. Replantez tous les 60 cm dans un sol riche, plutôt léger.

Santé - Beauté

• Contre le douleurs musculaires, épluchez trois bulbes d'ail, pilez. Mélangez dans un demi-litre de vinaigre de cidre, laissez macérer, filtrez avant de vous masser.

A

VENDREDI 8

Lune croissante descendante

Au jardin

• Pas de choux de Bruxelles sur un terrain trop fertile ou riche en fumier car ils ne formeraient pas de pommes mais des rejets.

Santé - Beauté

• Depuis la Haute Antiquité, les vertus de l'ail (vermifuges, anti-infectieuses, anti-dépressives…) sont vantées par les médecins.

D

SAMEDI 9

Premier quartier descendante

Au jardin

• Pulvérisez (une fois par semaine, s'il pleut) vos rosiers pour prévenir l'oïdium.

• Coupez les tulipes fanées.

Santé - Beauté

• Il est prouvé que l'acide folique (vitamine B9) pris avant la conception prévient certaines anomalies qui touchent le cerveau du nouveau-né.

PQ

DIMANCHE 10

Lune croissante descendante

Au jardin

- Semez les légumes à feuilles : laitue, persil, ciboulette...
- Supprimez la mousse des pelouses.

Santé - Beauté

- Outre ses propriétés anti-cancéreuses, le champignon reishi (Ganoderma lucidum), serait aussi antioxydant, anti-viral et cardiotonique.

LUNDI 11

Lune croissante descendante

Au jardin

- C'est la lune rousse ! Arrosez au pied des plantes le matin. Le soir, avec sacs et journaux, couvrez plantes et semis fragiles.

Santé - Beauté

- Le brocoli contient deux substances complexes spécifiques (le sulphorane et l'indole3-carbinol) aux propriétés anticancéreuses avérées.

MARDI 12

Lune croissante descendante

Au jardin

- Repiquez vos boutures, prélevées en lune montante.
- Traitez à la bouille bordelaise les lauriers-roses pour éviter les taches noires.

Santé - Beauté

- Choucroute : le brocoli peut être transformé en choucroute, selon le même principe de lactofermentation.
- Servez le brocoli avec des olives ou des noix.

AVRIL 2022

MERCREDI 13

Lune croissante descendante

+ **Au jardin**

- Ne taillez pas les arbres fruitiers trop jeunes.
- Ébourgeonnez la vigne à la base des pousses de l'année.

Santé - Beauté

- À nouveau, vous bénéficiez de 2 jours exceptionnels pour toutes les activités intellectuelles ou créatrices.

JEUDI 14

Lune croissante descendante

+ **Au jardin**

- Supprimez les drageons des lilas et des rosiers.
- Sur le poirier, supprimez les bourgeons qui sont percés ou couleur rouille.

Santé - Beauté

- Depuis des siècles, la bardane est réputée pour soigner les maladies de la peau en interne (tisanes) et en externe (cataplasmes).

VENDREDI 15

Lune croissante descendante

+ **Au jardin**

- À partir de demain, période très risquée au jardin jusqu'au 20.
- Hâtez les récoltes, évitez les semis, couvrez le soir.

Santé - Beauté

- Pas de bonne période en avril et jusqu'au 20 mai pour changer d'apparence ou de coiffure. Pareil pour la cure d'amincissement.

SAMEDI 16

Pleine Lune descendante

= **Au jardin**

- Cocktail défavorable sur jours : pleine lune + périgée + nœud lunaire descendant + grandes marées.
- Jardinage minimal.

Santé - Beauté

- Encore une pleine lune énervante. Risques de disputes, de rixes, de bouderie… Ne vous consolez pas dans les excès !

PL

DIMANCHE 17

Lune décroissante descendante

– **Au jardin**

- Trop de lumière avec cette lune, c'est le risque de trop de feuilles pour moins de fruits. Les salades sont contentes certes mais pas les tomates.

Santé - Beauté

- Contentez-vous de viser entre les gouttes en choisissant les jours positifs pour une coupe d'entretien, et des soins de la peau ou des cheveux.

LUNDI 18

Lune décroissante descendante

– **Au jardin**

- Achetez vos framboisiers mais attendez jeudi pour les planter. N'achetez que des variétés rustiques. Interdisez-vous les hybrides.

Santé - Beauté

- Encore un jour avec lequel il vous faudra composer ! Ne vous énervez pas, arrêtez de ronchonner ! Souriez !

NLD

AVRIL 2022

MARDI 19

Lune décroissante descendante

Au jardin

−

• Commencez à faire de l'ombre pour ralentir la photosynthèse, ce qui limitera le développement du feuillage au profit des fruits.

Santé - Beauté

• Les boissons naturellement gazeuses au kombucha sont délicieuses et renforcent la flore intestinale. En vente en magasins bio.

P

MERCREDI 20

Lune décroissante descendante

Au jardin

−

• Avec de telles conditions, le risque, c'est que les feuillages s'accroissent au détriment des fruits. N'hésitez pas à contrôler le feuillage.

Santé - Beauté

• Le kombucha est un champignon dont les effets ne se font pas sentir que sur la digestion. Votre peau aussi en profitera.

JEUDI 21

Lune décroissante montante

Au jardin

=

• Protégez les châssis du soleil en passant les vitres au blanc d'Espagne.
• Trempez les graines de persil avant de les semer demain.

Santé - Beauté

• Contre les trous de mémoire, essayez les tisanes de petite pervenche et des extraits liquides de ginkgo biloba ou bien les oméga-3.

M

VENDREDI 22

Lune décroissante montante

Au jardin

• Équilibre biologique, pollinisation et récolte de miel, de gelée royale et de propolis : l'élevage des abeilles est loin d'être fastidieux.

Santé - Beauté

• Jusqu'au 26, période favorable pour vous chouchouter ou démarrer une cure de vitamines ou de plantes.

SAMEDI 23

Dernier quartier montante

Au jardin

• Aérez les végétaux plantés ou semés sur couche pour les préparer progressivement à la transplantation.

Santé - Beauté

• Ne brûlez pas les molluscums (verrues des enfants). Ça part tout seul. Si c'est envahissant, appliquez de la teinture-mère de thuya avec un coton-tige.

DQ

DIMANCHE 24

Lune décroissante montante

Au jardin

• Repiquez le céleri-rave en coupant l'extrémité du pivot (c'est-à-dire la racine centrale).
• Débroussaillez les roseaux.

Santé - Beauté

• Pratiquez votre sport favori ou reposez-vous : vous pouvez tout entreprendre avec intensité !

LUNDI 25

Lune décroissante montante

=

Au jardin

• Dernière limite pour tailler vos rosiers. Ne les coupez pas trop court, ils mettraient plus de temps à fleurir.

Santé - Beauté

• Ne croyez pas que vous soyez bipolaire (maniaco-dépressif) : vous êtes sans doute sensible à la lune et aux perturbations électromagnétiques.

MARDI 26

Lune décroissante montante

–

Au jardin

• 4 jours défavorables au jardin. Alors profitez-en pour vérifier votre système de récupération d'eau de pluie.

Santé - Beauté

• Eczéma de l'oreille : badigeonnez avec un mélange de propolis et d'huile d'olive.
• Un excès de banane constipe. Pas plus d'une par jour !

MERCREDI 27

Lune décroissante montante

–

Au jardin

• La fraxinelle (Dictamnus albus) est une vivace rustique que l'on trouve fréquemment sur les coteaux calcaires et ensoleillés d'Alsace.

Santé - Beauté

• Pour éviter Alzheimer, mangez du cassis, frais ou en compléments alimentaires et mangez des noix ou des amandes, bio évidemment.

JEUDI 28

Lune décroissante montante

–

Au jardin

• Pour éliminer les déchets toxiques issus de la décomposition des feuilles, videz les trois-quarts de votre bassin.

Santé - Beauté

• Pensez aux probiotiques pour la fatigue, les problèmes d'intestins et l'éclat de la peau.
• Détartrage de vos dents au bicarbonate de soude, une fois par mois.

VENDREDI 29

Lune décroissante montante

=

Au jardin

• Semez les piments en godet. Repiquez dès les premières fleurs. Apportez du compost. Ils sont gourmands en eau. Récoltez au fur et à mesure.

Santé - Beauté

• Aïe ! Aïe ! Éclipse solaire demain.
• Votre mal-être commence à monter. Surtout ne vous réfugiez pas dans l'alcool ou la « fumette ». Prenez l'air.

SAMEDI 30

Nouvelle Lune montante

–

Au jardin

• Attention journée très défavorable avec le cumul de l'éclipse aujourd'hui et d'un nœud lunaire demain.
• Ni plantation ni semis mais binages et ratissages.

Santé - Beauté

• L'éclipse est là avec son cortège de pertubations ! Restez de bonne humeur, bichonnez-vous avec force crèmes adoucissantes, lotions, bains aux huiles essentielles....

NL ÉS

DIMANCHE 1ER

Lune croissante montante

Au jardin

- Consacrez-vous à l'entretien et au désherbage.
- Nettoyez votre mobilier de jardin.
- N'arrosez pas aujourd'hui.

Santé - Beauté

- Les femmes qui allaitent doivent limiter leur consommation d'ail car il altère le lait et il pourrait provoquer des coliques chez le nourrisson.

NLA

LUNDI 2

Lune croissante montante

Au jardin

- Rustique et pérenne, l'asperge est un légume très à l'aise sous climat continental. Le choix est souvent limité quand elle est vendue sous forme de griffe. Essayez les semis.

Santé - Beauté

- Le bacopa, plante indienne, stimule la mémoire et les capacités intellectuelles, permet de retrouver calme et sérénité.

MARDI 3

Lune croissante montante

Au jardin

- Récoltez la prêle pour votre purin et pour les tisanes.
- Nouez les tiges des aulx pour les faire grossir plus vite.

Santé - Beauté

- Des chercheurs ont démontré que la diffusion d'huile essentielle de romarin améliorait nettement la mémoire et la concentration chez les enfants.

MERCREDI 4

Lune croissante montante

Au jardin

- Navets, oignons, panais, pommes de terre, carottes d'automne et topinambours se plantent ou se sèment en pleine terre.

Santé - Beauté

- Contre les migraines et céphalées : cataplasmes de cerises sur le front. Nettoyez avec un citron coupé en deux.

JEUDI 5

Lune croissante descendante

Au jardin

- Le soir, arrosez bégonias et glaïeuls.
- Semez muflier, capucine, scabieuse…
- Plantez un Chamaerops humilis, palmier adapté au nord de la Loire.

Santé - Beauté

- Le manganèse favorise le métabolisme des glucides (comme le chrome et les vitamines B). Vous pouvez en prendre dans le cadre d'un régime amincissant.

D A

VENDREDI 6

Lune croissante descendante

Au jardin

- Repiquez les poireaux.
- Mettez en place les dahlias.
- Procédez aux rempotages sous serre des plantes à fleurs et des aromates.

Santé - Beauté

- Les masques pour les cheveux avec application d'huile ou d'argile sont préférables après une coupe aussi légère soit-elle, faite en lune croissante.

SAMEDI 7

Lune croissante descendante

Au jardin

- Les fleurs cueillies aujourd'hui tiendront longtemps en vase.
- Sciez le bois d'intérieur ou de menuiserie. Vos réalisations n'en seront que plus réussies.

Santé - Beauté

- Maux de tête : 3 fois par jour, massez les tempes et le front par petits cercles appuyés avec de l'huile à l'angélique. Recette ci-dessous.

DIMANCHE 8

Lune croissante descendante

Au jardin

- Le kentia est un palmier aux longues feuilles dépolluantes : installez-le dans le séjour car il a besoin de luminosité, mais pas de rayons solaires directs.

Santé - Beauté

- Pendant 15 jours au soleil, laissez macérer 100 g de racine d'angélique, 100 g de lavande, 100 g de camomille dans un litre d'huile d'olive vierge.

LUNDI 9

Premier quartier descendante

Au jardin

- Taille des fruitiers à pépins même encore en fleurs, mais sans insister. Cela stimulera la fructification.

Santé - Beauté

- Vous avez des idées plein la tête, jetez-les vite sur un papier avant que la pleine lune ne vous les efface !

MARDI 10

Lune croissante descendante

Au jardin

- Les graines de haricot seront à peine recouvertes.
- Récoltez les semences.
- Ramassez les légumes et cueillez les légumes/fruits à pépins.

Santé - Beauté

- Dès demain, vous vous sentirez en pleine forme. Votre cerveau tournera à plein régime et vous serez créatif. Attention, c'est souvent associé aux fringales (curieusement) !

MERCREDI 11

Lune croissante descendante

Au jardin

- Semez les plantes potagères à fruits (courgettes, haricots, etc.)
- Taille des poiriers et des pommiers.

Santé - Beauté

- L'infusion de pensée sauvage est un excellent dépuratif qui peut venir à bout des eczémas récalcitrants et du psoriasis.

JEUDI 12

Lune croissante descendante

Au jardin

- Plantez les pommes de terre, radis et carottes, que vous protégerez avec de la cendre de bois.
- Semez les carottes d'hiver.

Santé - Beauté

- Contre les migraines, utilisez l'huile essentielle de lavande ou celle de camomille matricaire, diluée dans de l'huile d'olive en massage sur les tempes.

VENDREDI 13

Lune croissante descendante

+ **Au jardin**

• 2 jours parfaits pour planter les légumes-racines (betterave, carotte, navet, panais, radis...)
• Récoltes des asperges.
• Rempotage des plantes à fleurs et des aromates.

Santé - Beauté

• Mycoses entre les doigts de pied : supprimez le sucre et appliquez de l'huile essentielle de tea tree (Melaleuca alternifolia) entre les orteils.

SAMEDI 14

Lune croissante descendante

+ **Au jardin**

• Planter et semer : artichauts, brocolis, pommes de terre, topinambours...
• Désherbez sans retenue.

Santé - Beauté

• Le tribulus terrestris est une plante africaine qui stimule la testostérone et donc la libido masculine (en compléments alimentaires).

DIMANCHE 15

Lune croissante descendante

= **Au jardin**

• Laissez les muscaris monter en graines pour qu'ils se ressèment et forment un tapis de clochettes bleues.

Santé - Beauté

• Pas de surprise si vous ressentez des nausées ou des angoisses... l'éclipse approche.
• Gardez votre humour... et prenez des Fleurs de Bach.

LUNDI 16

Pleine Lune descendante

Au jardin

- Éclipse, périgée et changement de sens se cumulent aux très grandes marées : levez le pied au jardin jusqu'au 19.

Santé - Beauté

- Ce soir, au programme agressivité, coups de blues ou de folie, sexualité exacerbée… soyez maître de vos nerfs, de vos humeurs et de vos sens !

PL ÉL

MARDI 17

Lune décroissante descendante

Au jardin

- Évitez les plantations et les semis.
- Tuteurez.
- Peu de jardinage et surtout pas de semis.

Santé - Beauté

- Jeudi, cure d'été pour affronter les chaleurs et préparer sa peau, procurer une bonne hydratation ou lutter contre les jambes lourdes. Achetez vos produits.

P

MERCREDI 18

Lune décroissante montante

Au jardin

- Supprimez les fleurs fanées des rhododendrons.
- Consacrez-vous à l'entretien et au désherbage.

Santé - Beauté

- Cure d'été : hamamélis + ginkgo + vit. C + vit. A. Et le soir : tisanes de vigne rouge ou d'aubépine. Homéopathie : Lachesis mutus 7 CH.

M

JEUDI 19

Lune décroissante montante

=

Au jardin

• Arrosez sans compter les arbres fruitiers au pied pour activer la fructification.
• Prélevez les derniers greffons de cerisiers et de châtaigniers.

Santé - Beauté

• Excellent moment pour les grands « nettoyages » : faites un régime minceur ou dépuratif.
• Arrêtez les 4 blancs : lait, sucre, farine, sel.

VENDREDI 20

Lune décroissante montante

+

Au jardin

• Semez les légumes à « fruits » : melons, cornichons, concombres, courges, tomates…
• Cueillez la rhubarbe.
• Excellent jour pour les confitures.

Santé - Beauté

• Taillez vos cheveux dans la masse ! Allez-y, ils repousseront plus lentement mais plus forts !
• La période se prête aussi à l'épilation en profondeur.

SAMEDI 21

Lune décroissante montante

+

Au jardin

• Semez les choux/navets à 2 cm de profondeur, 2 graines tous les 30 cm.
• Plantez les légumes racines ou à bulbes.
• Semez les pois mange-tout.

Santé - Beauté

• Pour faire fuir les moustiques, mettez quelques gouttes d'huile essentielle de géranium pelargonium ou de citronnelle sur votre oreiller.

DIMANCHE 22

Dernier quartier montante

+ Au jardin

- Semez le fenouil.
- Déplantez les bulbes défleuris et faites-les sécher à l'ombre.
- Éclaircissez les rangs de betterave.

Santé - Beauté

- Ajoutez des pétales de souci dans vos salades : c'est décoratif, délicieux et excellent pour la santé (peau et cheveux) !

DQ

LUNDI 23

Lune décroissante montante

+ Au jardin

- Repiquez le thym, la sauge, le romarin, la lavande en ayant ajouté du sable au massif.
- Taillez légèrement le chèvrefeuille pour le stimuler.

Santé - Beauté

- L'acide alpha-lipoïque (AAL ou ALA), est présent dans toutes les cellules du corps. Il stimule la production de l'énergie dans l'organisme.

MARDI 24

Lune décroissante montante

= Au jardin

- Rempotage possible des plantes d'intérieur.
- À partir de demain, la semaine sera difficile au jardin, donc terminez vos semis sensibles aujourd'hui.

Santé - Beauté

- Prenez de l'AAL sous forme de complément alimentaire en cas d'hépatite, de glaucome, d'addiction (alcool, tabac) et de vieillissement cutané.

MAI 2022

MERCREDI 25

Lune décroissante montante

– **Au jardin**

• Le voile de forçage maintient la chaleur mais diminue la luminosité : il peut vous faire gagner environ 1 semaine... mais attention, il peut vous en faire perdre autant.

Santé - Beauté

• La tisane de chèvrefeuille soigne l'asthme et les problèmes pulmonaires : 2 cuillérées à soupe de fleur sèche dans ½ litre d'eau, à boire matin et soir.

JEUDI 26

Lune décroissante montante

– **Au jardin**

• Plantes en pots : limitez les maladies en utilisant un terreau « neuf », évitez les plantations présentant des traces de maladie. Supprimez les fleurs fanées.

Santé - Beauté

• La décoction de chèvrefeuille se prend en gargarisme contre les aphtes et les angines : 4 c. à s. dans 1 l d'eau, laissez bouillir 5 min.

VENDREDI 27

Lune décroissante montante

– **Au jardin**

• Baissez la barre de coupe de la tondeuse. L'herbe ramassée pourra servir à pailler les massifs, méthode économique pour contrer les mauvaises herbes.

Santé - Beauté

• En prévision de jours à venir qui seront pénibles, commencez une cure de vitamine C naturelle. Sortez pour vous oxygéner.

SAMEDI 28

Lune décroissante montante

Au jardin

• Placez des bandes anti-insectes sur les troncs.
• Récoltez les laitues.
• Ensachez les fruits.
• Jour propice aux confitures et aux conserves.

Santé - Beauté

• Seul jour favorable en mai et jusqu'au 27 juin pour les opérations chirurgicales, les prises de sang ou les interventions dentaires, les plaies cicatrisant mieux.

DIMANCHE 29

Lune décroissante montante

Au jardin

• Pièges à limaces et à escargots : demi-pamplemousse évidé retourné, chiffon imbibé de bière ou gamelle de son imbibé d'alcool à brûler.

Santé - Beauté

• L'excès d'ibuprofène favoriserait l'hypertension et les infections.
• Piqûre d'insecte, cor, verrue ou même kyste, frottez régulièrement avec une gousse d'ail.

NLA

LUNDI 30

Nouvelle Lune montante

Au jardin

• Charbon de bois dans le fond des pots de plantes d'intérieur à fleurs. En mettre aussi 2 ou 3 morceaux dans l'eau de vos boutures.

Santé - Beauté

• Ça ne va pas fort ? Normal. L'une des pires nouvelles lunes de l'année, comparable à une éclipse solaire, vient bousculer votre moral !

NL

MARDI 31

Lune croissante montante

Au jardin

- Nettoyez gouttières et siphons d'évacuation.
- Vérifiez les tuteurs des dahlias.
- Sarclez, binez… sans excès.

Santé - Beauté

- En forêt, attention aux chenilles processionnaires très allergisantes.
- Les peintures même à l'eau peuvent être toxiques. Les peintures bio existent.

Attention aux tiques !

Pas de balade jambes et bras nus ! Les promenades en forêt, partout en France, en Belgique, en Allemagne ou en Amérique du Nord deviennent très risquées à cause des tiques qui prolifèrent et transmettent une terrible maladie, la borréliose autrement appelée maladie de Lyme. Il s'agit d'une bactérie, la borrelia, qui attaque les muqueuses intestinales et les système neurologique, cardiovasculaire ou immunitaire.

Il existe deux formes principales de la maladie : la borréliose aigüe se soigne préventivement par trois semaines d'antibiotiques, dès qu'on découvre une morsure de tique ; la borréliose chronique, bien plus difficile à diagnostiquer, se traite avec des antibiotiques soit chimiques, soit naturels (comme les huiles essentielles) soit les 2.

Il est très difficile de venir à bout d'une borréliose chronique dont les symptômes majeurs sont dépression, fatigue, douleurs rhumatismales, picotements, sensation de brûlure, perte des dents, problèmes digestifs ou cutanés… Tout traitement doit durer au moins 3 mois d'affilée.

MERCREDI 1ER

Lune croissante descendante

Au jardin

• La monstera deliciosa se donne un air de dentelles avec ses feuilles curieusement ajourées. Placez-la près d'une fenêtre dans le salon ou une chambre.

Santé - Beauté

• Il existe des centaines de cosmétiques à l'amande douce, mais pourquoi ne pas acheter simplement de l'huile d'amande en première pression à froid ?

D

JEUDI 2

Lune croissante descendante

Au jardin

• Si le soleil est au rendez-vous dans un ciel sans nuage, c'est le moment idéal pour préparer vos élixirs floraux (Fleurs de Bach).

Santé - Beauté

• Les examens approchent. Les adolescents ont tout intérêt à prendre une supplémentation de spiruline (5 à 7 comprimés/repas).

A

VENDREDI 3

Lune croissante descendante

Au jardin

• Vivaces et alpines à semer de mai jusqu'à fin août : hellébores, ancolies, violettes, aconits, alchémille, anémone pulsatille, arabis, aubrieta.

Santé - Beauté

• Cataplasme contre les rhumatismes : écrasez des piments frais (pas trop piquants) dans de l'huile. Appliquez sur les zones douloureuses.

JUIN 2022

SAMEDI 4

Lune croissante descendante

Au jardin

• Laitue, persil, ciboulette, choux… semez les légumes-feuilles.
• Semez le pissenlit à la volée, couvrez de terreau, repiquez quand ils auront 4 ou 5 feuilles.

Santé - Beauté

• Ulcères variqueux : massez vos jambes avec de l'huile d'olive dans laquelle auront macéré des feuilles fraîches de bardane.

DIMANCHE 5

Lune croissante descendante

Au jardin

• Tondez la pelouse.
• Procédez aux rempotages des plantes d'intérieur.
• Le soir, repiquez les choux.

Santé - Beauté

• La sérotonine est transportée par le sang vers la plupart des organes et facilite les échanges d'informations avec le système nerveux central.

LUNDI 6

Lune croissante descendante

Au jardin

• Occupez-vous des aubergines, tomates, céréales, melons, concombres, haricots…
• Apport d'engrais liquide (purins d'ortie, consoude, prêle…).

Santé - Beauté

• Le 5-HTP, issu du griffonia (plante africaine) stimule la sérotonine. Cet acide aminé est aussi présent dans l'organisme. On le trouve en complément alimentaire.

MARDI 7

Premier quartier descendante

Au jardin

• Greffez le noisetier, le noyer et les agrumes.
• Ce n'est pas un « jour » à confitures.
• Mettez des pièges à fourmis autour des troncs.

Santé - Beauté

• Le millepertuis et le griffonia (5-HTP) soulagent durablement de la dépression. Ne pas prendre les 2 plantes en même temps.

PQ

MERCREDI 8

Lune croissante descendante

Au jardin

• Récolte des asperges.
• Trois jours parfaits pour les légumes-racines : betterave, carotte, navet, panais, radis, pomme de terre, topinambour…

Santé - Beauté

• Ne prenez ni citron ni millepertuis si vous allez au soleil. Ils sont photosensibilisants : risque d'apparition de taches brunes.

JEUDI 9

Lune croissante descendante

Au jardin

• Divisez les pieds d'aromates : hysope et romarin.
• Rabattez les tiges dégarnies des misères.
• Sortez et taillez vos bégonias.

Santé - Beauté

• Évitez les complexes multi-minéraux qui sont mal assimilés par l'organisme et dont les éléments peuvent entre en conflit mutuel. Zinc et fer sont antagonistes.

JUIN 2022

VENDREDI 10

Lune croissante descendante

+

Au jardin

• Faites des réserves d'eau de pluie. Si la mi-juin risque d'être pluvieuse, la fin du mois sera sans doute sèche.

Santé - Beauté

• Partout dans le monde, le basilic est un ingrédient majeur des philtres d'amour, cela est dû à sa réputation de plante aphrodisiaque.

SAMEDI 11

Lune croissante descendante

=

Au jardin

• Cette lourde ambiance lunaire ne convient pas au jardin. Allez vous promener, écoutez de la musique… à la limite, tondez la pelouse.

Santé - Beauté

• Le basilic amplifie et régularise les règles insuffisantes. Dans le cadre d'un régime amincissant, il calme les fringales.

DIMANCHE 12

Lune croissante descendante

–

Au jardin

• Les murets fleuris sont très sensibles à la sécheresse et au vent. Arrosez-les régulièrement en faisant attention à ne pas faire dégringoler la terre.

Santé - Beauté

• Sauf en cas de maladie infectieuse, il est impératif de faire régulièrement un exercice physique tout au long de sa vie, régulièrement, au moins 20 min par jour.

LUNDI 13

Lune croissante descendante

Au jardin

• Le soja est difficile à cultiver car il a besoin d'une bactérie fixatrice de l'azote (rhizobium). Avant de vous lancer, consultez des ouvrages précis sur la question.

Santé - Beauté

• Impatiences, sommeil difficile, stimulez votre dopamine avec du mucuna pruriens que l'on trouve sous forme de complément alimentaire.

MARDI 14

Pleine Lune descendante

Au jardin

• Encore une mauvaise pleine lune ! Les jours qui vont suivre ne seront pas tendres avec vos cultures. Profitez-en pour faire des travaux d'entretien et de bricolage.

Santé - Beauté

• Pour stimuler les systèmes hépatique et pancréatique, l'artichaut est souvent associé au chardon-Marie ou au radis noir.

PL

MERCREDI 15

Lune décroissante montante

Au jardin

• Par respect pour les abeilles, les phytosanitaires mêmes bio sont à proscrire absolument. Seuls les purins végétaux sont possibles.

Santé - Beauté

• Mauvaises odeurs du frigo : laissez-y un ramequin de bicarbonate de soude en poudre ainsi qu'un demi-citron.

M P

JEUDI 16

Lune décroissante montante

− **Au jardin**

• Courage, à partir de demain vous aurez quelques jours de répit pour reprendre les travaux sensibles (semis, boutures, greffes…).

Santé - Beauté

• Du 17 au 20 : allez chez le coiffeur.
• À partir de demain, 5 jours parfaits pour vous épiler en profondeur : les poils repousseront plus lentement.

VENDREDI 17

Lune décroissante montante

= **Au jardin**

• Bassin : contre les algues filamenteuses, traitez, avec un produit biologique pour éviter un colmatage de la pompe ou des masses de filtration.

Santé - Beauté

• Épilation : les Allemandes préfèrent le rasoir, les Françaises, la cire. Aucune étude n'a prouvé que le poil repoussait plus dru avec le rasoir.

SAMEDI 18

Lune décroissante montante

+ **Au jardin**

• Évitez de repiquer les bisannuelles en godets. Repiquez-les au milieu des légumineuses. Vos plants, plus florifères, s'adapteront mieux lors de la plantation définitive.

Santé - Beauté

• Il est certain que la cire, en arrachant le bulbe du poil, retarde la repousse. Mais la peau, avec la chaleur et cette extraction brutale, souffre plus.

DIMANCHE 19

Lune décroissante montante

+ Au jardin

• Deux très bon jours (si le soleil est là) pour préparer vos élixirs floraux. Il faut commencer vers 10 h. L'infusion solaire doit durer au moins 4 h.

Santé - Beauté

• Bicarbonate de soude : 1 c. à c. dans un verre d'eau tiède pour soulager les brûlures d'estomac, les remontées acides ou les ballonnements.

LUNDI 20

Lune décroissante montante

+ Au jardin

• Huile de Saint-Jean (blessures, brûlures, rhumatismes) : faites macérer 15 jours au soleil 100 g de fleurs de millepertuis dans un 1 l d'huile d'olive.

Santé - Beauté

• Le bicarbonate de soude est alcalin. 1 c. à c. par jour dans un verre d'eau tiède pour limiter les risques de mycoses et de mauvaise haleine.

MARDI 21

Dernier quartier ☾ montante

= Au jardin

• Cueillez tilleul et plantes médicinales dépuratives le matin.
• Semez et plantez légumes, fruits et fleurs dont vous voulez concentrer les saveurs.

Santé - Beauté

• Aubergine : une fossette ronde à l'extrémité du fruit est le signe qu'il contient plus de graines que de chair. Choisissez-la avec une fossette ovale.

DQ

JUIN 2022

MERCREDI 22

Lune décroissante montante

Au jardin

• Nettoyez les feuilles de yucca, de monstera, de philodendron et autres plantes vertes. Utilisez un coton, de l'eau déminéralisée additionnée d'un peu de bière.

Santé - Beauté

• L'aubergine accélère le métabolisme des protéines. Elle est aussi alcaline, ce qui permet d'abaisser l'acidité de l'organisme.

JEUDI 23

Lune décroissante montante

Au jardin

• Déployant de belles grosses feuilles, le ficus lyrata est une plante dépolluante qui élimine l'ammoniac, le xylène et le toluène contenus dans l'air ambiant.

Santé - Beauté

• En cas de brûlure (légère), passez la peau sous l'eau (tiède et non froide) du robinet puis appliquez directement des tranches d'aubergine.

VENDREDI 24

Lune décroissante montante

Au jardin

• Dernières récoltes de cerises.
• Cueillez les groseilles pour les confitures.
• Jour « à confitures », le sucre remontera moins.

Santé - Beauté

• Confirmez votre RDV avec le chirurgien : à partir de lundi 27, 3 jours favorables pour tous types d'interventions chirurgicales.

SAMEDI 25

Lune décroissante montante

Au jardin

- Vérifiez votre tondeuse, aiguisez la lame, graissez le moyeu.
- Mettez de l'ordre dans votre cabane de jardin !

Santé - Beauté

- Pour un bain plus agréable : sous l'eau du robinet, 2 c. à s. de bicarbonate de soude + 5 gouttes d'huile essentielle de lavande douce.

NLA

DIMANCHE 26

Lune décroissante montante

Au jardin

- Entretenez le mobilier de jardin : peinture pour le fer, huile dure pour le bois.
- Vérifiez l'étanchéité du toit de votre remise à outils.

Santé - Beauté

- La tomate est un anti-cancer reconnu. Elle soulage les rhumatismes et la constipation. Ses feuilles froissées soulagent les piqûres d'insectes.

LUNDI 27

Lune décroissante montante

Au jardin

- Dans la journée et la nuit, fermez le couvercle de votre composteur pour activer la fermentation.
- Désherbez et bêchez autour des arbres fruitiers.

Santé - Beauté

- Bonne période pour les opérations chirurgicales sur les os et les articulations.
- Sauvez trois vies, donnez votre sang.

JUIN 2022

MARDI 28

Lune décroissante montante

= **Au jardin**

- Bouturez les plantes aromatiques arbustives : romarin, lavande, sauge, laurier-sauce…
- Rempotage possible des plantes d'intérieur.

Santé - Beauté

- Si vous ne sortez pas de votre dépression et si vous avez des douleurs partout, vous souffrez peut-être d'une intoxication aux métaux lourds.

MERCREDI 29

Nouvelle Lune descendante

= **Au jardin**

- Binez et paillez les rosiers. Apportez au pied du purin d'ortie ou de consoude.
- Supprimez les stolons des fraisiers et les rejets des pruniers.

Santé - Beauté

- Selon l'Inserm, une carence en vit. D accroîtrait le risque d'Alzheimer surtout si l'alimentation est pauvre en caroténoïdes et en oméga-3 ou oméga-6.

NL D A

JEUDI 30

Lune croissante descendante

+ **Au jardin**

- Plantez les nénuphars.
- Avant de repiquer les fraisiers, supprimez les fleurs.
- Repiquez vos boutures, prélevées en lune montante.

Santé - Beauté

- Bonne nouvelle lune, c'est plutôt rare en 2022.
- Égalisez les pointes de vos cheveux, vous stimulerez leur croissance.

Produisez vos propres graines

Identifiez (avec un brin de laine ou une étiquette) un ou deux plants sains, vigoureux et présentant tous les caractères que vous voulez conserver; ils seront vos porte-graines. Inutile de récolter des graines de plants hybrides.

- *En cas de maladies ou de grande sensibilité aux ravageurs, n'hésitez pas à choisir un autre plant. Une déformation de feuille (gaufrée, enroulée), un épaississement de tige, des décolorations, l'abondance de pucerons... peuvent traduire la présence de virus.*
- *Ces porte-graines ne doivent pas recevoir d'engrais, qui favorise la végétation au détriment des organes reproducteurs. L'irrigation est importante avant la floraison (qualité du pollen), après la fécondation (quand s'établit le nombre de cellules qui formeront l'embryon de la plante) et pendant le grossissement (moment où se forment les réserves de la graine).*
- *Pour obtenir des graines assez grosses et donc aptes à donner des plants vigoureux, limitez le nombre de gousses ou de capsules en formation: éliminez celles qui reçoivent le moins de lumière.*
- *Méfiez-vous de la pollinisation croisée: le vent, les insectes transportent le pollen d'une plante à l'autre. Pour conserver tous les caractères du pied-mère, ensachez les fleurs, qui s'autoféconderont.*
- *Récoltez par temps sec et chaud: attendez l'ouverture naturelle des gousses et capsules contenant les semences. Transférez immédiatement la récolte sur du papier absorbant. Triez les graines récoltées pour garantir un bon taux de germination: jetez les graines cassées, tachées, ayant une coloration anormale, moins mûres.*

JUILLET 2022

VENDREDI 1ER

Lune croissante descendante

Au jardin

- Tondez la pelouse, les racines s'enfonceront mieux et le gazon repoussera plus lentement.
- Pièges (bio) à fourmis au pied des rosiers.

Santé - Beauté

- Le mélilot, plante de la ménopause, est aussi efficace pour la circulation et contre les insomnies.
- Piqûre d'insecte : frottez avec des feuilles de cassis pour soulager l'irritation.

SAMEDI 2

Lune croissante descendante

Au jardin

- Taillez le lierre pour qu'il n'envahisse pas les gouttières. Allez-y franchement, il aime ça.
- Semez les choux et autres légumes le soir.

Santé - Beauté

- Si vous êtes au bord de la mer, ramassez du varech pour, le soir, vous frictionner les cuisses pour un effet anticellulite.

DIMANCHE 3

Lune croissante descendante

Au jardin

- Apport d'engrais liquide (purins d'ortie, consoude, prêle…).
- Tuteurez les légumes lourds.
- Pincez les pousses de tomates.

Santé - Beauté

- Douleurs dentaires ? Mâchez un clou de girofle ou massez votre gencive avec de l'huile essentielle de clou de girofle.

LUNDI 4

Lune croissante descendante

Au jardin

- Semez les haricots et les radis d'hiver.
- Ramassez l'ail, les échalotes, l'oignon.
- Début juillet : Dernières récoltes de rhubarbe. Paillez au pied.

Santé - Beauté

- Excellent contre les douleurs d'estomac, le pourpier se mange cru, en salade. La feuille peut être utilisée en cataplasme sur les blessures.

MARDI 5

Lune croissante descendante

Au jardin

- Poursuivre le pincement des jeunes pousses de poiriers et de pommiers en espalier.
- Ramassez les légumes et cueillez les légumes-fruits à pépins.

Santé - Beauté

- Soyez raisonnable, pas d'abus de pourpier car il contient un coagulant.
- Le céleri, antiseptique et diurétique, élimine les infections urinaires et les douleurs rhumatismales.

MERCREDI 6

Lune croissante descendante

Au jardin

- Semez chicorée sauvage, barbe de capucin, navet, radis…
- Récoltez ail, carotte, pomme de terre…

Santé - Beauté

- Le céleri est aussi un aliment « anticalorique » : il contient moins de calories que ce dont votre corps a besoin pour le digérer.

JUILLET 2022

JEUDI 7

Premier quartier ☽ descendante

+ **Au jardin**

• Récoltez les oignons, les tubercules et tous les légumes fruits. Même les fruits peuvent être récoltés.
• Aérez serre et véranda dans la journée.

Santé - Beauté

• Les feuilles de céleri relèvent les différentes sauces, comme le persil.
• Utilisez les graines de céleri comme condiment pour les plats de poisson, de chou ou de brocoli.

PQ

VENDREDI 8

Lune croissante descendante

= **Au jardin**

• Pour protéger vos fleurs et vos légumes avez-vous pensé aux insectes auxiliaires ? Les larves de coccinelles sont voraces ! Choisissez une espèce endémique.

Santé - Beauté

• Après votre toilette, reconstituez le film hydrolipidique de votre peau avec une crème ou tout simplement une huile végétale.

SAMEDI 9

Lune croissante descendante

– **Au jardin**

• Commandez vos bulbes pour une plantation d'automne et une floraison de printemps : crocus, petits iris, chionodoxa, muscari, perce-neige…

Santé - Beauté

• Nœud lunaire descendant : perturbation sur les liquides, au jardin et dans le corps humain. Évitez, si possible, toute intervention chirurgicale.

NLD

DIMANCHE 10

Lune croissante descendante

=

Au jardin

- Procédez aux rempotages sous serre des plantes à fleurs et des aromates.
- Marcottez les rhododendrons et les œillets.

Santé - Beauté

- Attention à l'euphorie excessive qui vous incitera à prendre des risques inutiles. Soyez raisonnable au moment de l'apéro.

LUNDI 11

Lune croissante descendante

=

Au jardin

- Normalement, il faut éviter de semer en jours feuilles mais vous pouvez vous le permettre si les autres jours sont négatifs.

Santé - Beauté

- À partir de demain et jusqu'au 15, période énervante et risquée.
- Épuisez la surexcitation de votre corps par des exercices sans forcer.

MARDI 12

Lune croissante descendante

–

Au jardin

- La pleine lune se cumulera avec un périgée très proche, une lune montante et des très grandes marées.
- Jardin minimal jusqu'à samedi.

Santé - Beauté

- Problèmes circulatoires ou cardiaques. Respectez particulièrement votre traitement et prenez des oméga-3.

JUILLET 2022

MERCREDI 13

Pleine Lune montante

– **Au jardin**

• Profitez-en pour observer les feuilles de vos fleurs, diagnostiquer la présence de parasites ou les carences en minéraux…

Santé - Beauté

• Aujourd'hui et demain, risque accru de dépressions, tentatives de suicides, blessures, rixes, attentats à la pudeur, accidents de la route… Soyez prudent.

PL M P

JEUDI 14

Lune décroissante montante

– **Au jardin**

• Pour équilibrer un sol trop calcaire, alcalin ou ferreux, apportez de la terre de bruyère et de la tourbe.
• Arrosez les rhododendrons.

Santé - Beauté

• Associez les plantes : prêle + harpagophytum (dos) ; thé vert + varech (minceur) ; vigne rouge + hamamélis (circulation).

VENDREDI 15

Lune décroissante montante

= **Au jardin**

• Repiquez les semis du mois précédent comme les poireaux, la laitue, les choux.
• Navets, radis et oignons blancs se sèment encore en pleine terre.

Santé - Beauté

• Excellente période pour commencer un régime amincissant et faire un peu de sport. Vous tiendrez vos bonnes résolutions.

SAMEDI 16

Lune décroissante montante

Au jardin

• Lilas : prélevez les boutures (ou les drageons) et plantez en atmosphère humide, sous châssis. Elles s'enracineront en huit semaines. Repiquez au printemps.

Santé - Beauté

• Vous pouvez sans crainte vous couper les cheveux ou faire une teinture. Réussite assurée.
• Attention de ne pas gâcher votre forme par des excès.

DIMANCHE 17

Lune décroissante montante

Au jardin

• Période idéale pour le jardin. Profitez-en pour semer (le matin) et repiquer (le soir).
• Mettez en place les brocolis et les choux-fleurs d'automne.

Santé - Beauté

• Le tryptophane est un acide aminé, précurseur de la sérotonine. Si rien ne vient à bout de vos insomnies, essayez-le en complément alimentaire.

LUNDI 18

Lune décroissante montante

Au jardin

• Un jour parfait pour les confitures. Le sucre remontera moins.
• Semez les bisannuelles.
• Récoltez le tilleul.

Santé - Beauté

• Pour préserver l'éclat de votre peau et diminuer les rides, prenez de l'acide hyaluronique en complément alimentaire.

JUILLET 2022

MARDI 19

Lune décroissante montante

= **Au jardin**

- Divisez les pieds de ciboulette (tous les 4 ans).
- Taillez les arbustes qui ont terminé leur floraison.
- Hydratez le compost.

Santé - Beauté

- Haleine forte ? Croquez des grains de café. Et prenez des probiotiques. Si c'est chronique avec des douleurs d'estomac, il peut s'agir d'un helicobacter pylori.

MERCREDI 20

Dernier quartier montante

\+ **Au jardin**

- Dans votre compost, alternez les débris végétaux et les tontes de gazon avec une fine couche de terre.
- Désherbez et bêchez autour des arbres fruitiers.

Santé - Beauté

- L'helicobater pylori infecte 70 % du tiers-monde et 40 % de la population occidentale. Il peut entraîner un cancer des voies digestives.

DQ

JEUDI 21

Lune décroissante montante

\+ **Au jardin**

- Mettez en place les jeunes fraisiers non remontants.
- Ramassez les légumes et cueillez les légumes-fruits à pépins.

Santé - Beauté

- Aigreurs d'estomac douloureuses, ulcère gastrique, fatigue, haleine fétide sont des symptômes possibles de l'helicobacter pylori.

VENDREDI 22

Lune décroissante montante

= **Au jardin**

- Arrosez les oliviers.
- Vigne : supprimez les sarments indésirables, conservez ceux qui portent les jeunes grappes.

Santé - Beauté

- On détecte la bactérie helicobacter pylori avec une simple prise de sang et on s'en débarrasse en 20 jours avec un cocktail de 3 antibiotiques.

NLA

SAMEDI 23

Lune décroissante montante

+ **Au jardin**

- Récoltez les pommes de terre qu'il faudra laisser sécher quelque temps sur place avant de les rentrer.
- Buttez les glaïeuls.

Santé - Beauté

- Ail à haute dose et jus de cranberry bio (ou en compléments alimentaires) peuvent limiter la prolifération de l'helicobacter pylori.

DIMANCHE 24

Lune décroissante montante

+ **Au jardin**

- Semez les légumes d'hiver ou tardifs comme les carottes, les radis, les navets ou la mâche.
- Taillez les haies d'aubépine.

Santé - Beauté

- Pour venir à bout d'une angine, faites des gargarismes de tisane concentrée de feuilles de cassis plusieurs fois dans la journée.

JUILLET 2022

LUNDI 25

Lune décroissante montante

+ **Au jardin**

• Les graines de chou-fleur sont petites et sphériques. Emplissez les contenants de terreau de semis ordinaire et pressez légèrement les graines sur le sol. Semis en place.

Santé - Beauté

• Pour blanchir vos dents, brossez-les avec de la pulpe de citron. Puis frottez avec du bicarbonate de soude car le citron peut déminéraliser l'émail.

MARDI 26

Lune décroissante descendante

= **Au jardin**

• Binez et paillez les rosiers. Apportez au pied du purin d'ortie ou de consoude.
• Supprimez les roses fanées en orientant la coupe vers l'extérieur.

Santé - Beauté

• Les déodorants corporels augmentent le risque de cancer du sein. Utilisez un ½ citron ou des déodorants bio à base d'huiles essentielles.

D A

MERCREDI 27

Lune décroissante descendante

+ **Au jardin**

• Palissez les pois de senteur.
• Engrais au pied des rosiers.
• Plantez dès maintenant les bulbes à floraison automnale.

Santé - Beauté

• Massages et cures (de vigne rouge et d'hamamélis) contre les problèmes circulatoires (jambes lourdes, varices).

JEUDI 28

Nouvelle Lune descendante

Au jardin

=

- Placez une tuile sous vos potirons pour qu'ils ne soient plus en contact avec le sol.
- Surveillez l'arrivée de gourmands sur les pieds de tomates.

Santé - Beauté

- Rhumatismes, acné, allergies, rhinites… supprimez tous les produits laitiers pendant au moins 2 semaines, vous sentirez la différence.

NL

VENDREDI 29

Lune croissante descendante

Au jardin

–

- Très utiles, les phasmarhabditis s'achètent en jardinerie. Il s'agit de vers microscopiques qui ne s'attaquent qu'aux limaces.

Santé - Beauté

- La verveine est une plante médicinale majeure qui éloigne la toux et les insomnies. En élixir floral, Vervain est destiné aux hyperactifs.

SAMEDI 30

Lune croissante descendante

Au jardin

=

- Semez les plantes potagères à fruits (courgettes, haricots, etc.).
- Période idéale pour le jardin. Profitez-en pour semer (le matin) et repiquer (le soir).

Santé - Beauté

- Le curcumin, mélange de curcuma et de cumin, est digestif et aphrodisiaque ! Et en plus c'est délicieux !

JUILLET 2022

DIMANCHE 31

Lune croissante descendante

Au jardin

• L'érable du Japon pourpre (Acer palmatum atropurpureum) est apprécié notamment pour son feuillage spectaculaire en automne.

Santé - Beauté

• 5 journées stimulantes, favorables à l'activité intellectuelle ; votre mémoire fonctionne bien et votre créativité est surprenante.

Digestions pénibles

• *Le vin de romarin*

Fortifiant et digestif, le vin de romarin se déguste après les repas (dans 1 verre à liqueur). Mettez 150 g de feuilles fraîches ou 40 g de feuilles sèches dans une bouteille (75 cl). Remplissez de vin (blanc pour qu'il soit aussi diurétique, rouge pour un effet plus fortifiant). Bouchez et laissez macérer pendant 15 jours en remuant de temps en temps. Filtrez.

• *Buvez de la chicorée !*

La racine de chicorée torréfiée est un tonique intestinal très recommandé à ceux dont le foie est paresseux. 1 tasse matin et soir remplace avantageusement le café pour ces derniers.

• *La petite centaurée*

Mettez 1 c. à s. de fleurs de centaurée dans 1 tasse, couvrez d'eau frémissante et laissez infuser 10 minutes. Comme c'est un peu dur à avaler, ajoutez 2 ou 3 feuilles de menthe.

LUNDI 1ER

Lune croissante descendante

Au jardin

• Taillez les cerisiers (badigeonnez un produit cicatrisant).
• Le citronnier en pot est sensible à de nombreux parasites dont la cochenille.

Santé - Beauté

• L'écorce de lapacho se prépare en décoction. C'est un excellent anti-inflammatoire et stimulant des défenses immunitaires.

MARDI 2

Lune croissante descendante

Au jardin

• Récoltes de navet, carotte, radis mais aussi de sureau, mélisse, sarriette, amarante, aneth, citronnelle, verveine…
• Récolte des semences.

Santé - Beauté

• Hepar sulfur (fait de fleurs de soufre purifiées et de calcaire d'huître) est un remède homéopathique contre la toux, à ne jamais utiliser dans le cas d'otite aigüe.

MERCREDI 3

Lune croissante descendante

Au jardin

• L'ail se récolte quand les feuilles sont sèches, uniquement par beau temps. Faites sécher les bulbes au soleil.

Santé - Beauté

• Hémorroïdes : essayez les cataplasmes de miel sur une feuille de chou. Vous pouvez aussi appliquer une pommade à base de marron d'Inde (en pharmacie).

JEUDI 4

Lune croissante descendante

= **Au jardin**

• Confitures et conserves possibles. Il y aura peu de jours parfaits en 2022. Sans être exceptionnelle, l'année sera très correcte.

Santé - Beauté

• Si l'eczéma vous gratouille, essayez les cataplasmes de haricots blancs et croquez des haricots secs.

VENDREDI 5

Premier quartier descendante

\+ **Au jardin**

• Éclaircissement sévère des plantes immergées.
• Semez les engrais verts aux endroits libres du potager ; ça poussera à toute vitesse.

Santé - Beauté

• Pour un bain relaxant, 10 gouttes d'huile essentielle de bois de cèdre dans 1 c. à s. de bicarbonate de soude à laisser sous le robinet de votre baignoire.

PQ NLD

SAMEDI 6

Lune croissante descendante

= **Au jardin**

• Myosotis et giroflée : semez à la pénombre.
• Taille des rosiers non remontants.
• Divisez les pivoines.

Santé - Beauté

• Massez vos jambes avec un mélange d'huile au magnésium et d'huile d'amande douce.
• En cataplasme, la tomate aide à lutter contre l'acné.

DIMANCHE 7

Lune croissante descendante

+ Au jardin

• Contre la rouille du géranium, si le purin de prèle et de tanaisie sont inefficaces, utilisez la bouillie bordelaise (attention : tache les feuilles).

Santé - Beauté

• La fièvre (pour des affections sans gravité) résiste rarement aux tisanes d'eupatoire.
• Contre le mal de mer, sucez un noyau de cerise.

LUNDI 8

Lune croissante descendante

= Au jardin

• Dans votre compost, il y a non seulement les tontes de gazon mais aussi vos fins de repas, bouts de viande compris !
• Passez le rouleau à gazon et arrosez.

Santé - Beauté

• Si vous avez besoin de vitamine C, préférez les légumes, les crudités ou les fruits. Quant aux comprimés d'acérola et de cynorrhodon, n'y croyez pas trop.

MARDI 9

Lune croissante montante

– Au jardin

• Ensachez vos fruits, si vous êtes envahis par les guêpes ou si les oiseaux raffolent de vos grappes ou attaquent vos poires.

Santé - Beauté

• Essayez de ne pas couper vos cheveux avant le 26.
• Le stress accroît le risque d'infection vaginale... tout comme l'hygiène intime excessive.

MERCREDI 10

Lune croissante montante

Au jardin

• Binez vos vignes pour aérer la terre et limiter les herbes. Supprimez les sarments indésirables, conservez ceux qui portent les jeunes grappes. Arrosez au pied.

Santé - Beauté

• Mal de dos ? Très certainement un manque de musculation. Surtout ne restez pas au lit. Il faut marcher, même peu.

P

JEUDI 11

Lune croissante montante

Au jardin

• Très grandes marées jusqu'à lundi. Peut-être le moment de ramasser des palourdes ?
• Demain mauvaise pleine lune. Contentez-vous de ranger ou de bricoler.

Santé - Beauté

• La pleine lune approche, avec l'accroissement de la nervosité, de l'excitation sexuelle et… aussi des crises d'herpès ou de zona.

VENDREDI 12

Pleine Lune montante

Au jardin

• Contre la rouille sur les feuilles de menthe, il existe des insecticides-fongicides bio. Mais le plus simple reste l'huile à l'ail dilué dans l'eau ou le purin d'ail.

Santé - Beauté

• Vos cheveux attendront la fin du mois !
• Attention au coup de blues. Ne buvez pas d'alcool. Travaillez sous un éclairage puissant.

PL

SAMEDI 13

Lune décroissante montante

Au jardin

• Avant de récolter les graines aériennes (haricot, salade, persil, chou…), retirez quelques feuilles, pour que les fleurs soient nourries.

Santé - Beauté

• Pour votre cure minceur, attendez septembre.
• Tisanes de tilleul en cas de difficultés d'endormissement.

DIMANCHE 14

Lune décroissante montante

Au jardin

• Cueillez et séchez les plantes médicinales dépuratives.
• Plantez l'iris de jardin en plein soleil.
• Jour correct pour les confitures.

Santé - Beauté

• La prise d'antibiotiques pour un nourrisson de moins d'un an multiplie par 3 le risque d'asthme, dans les années à venir.

LUNDI 15

Lune décroissante montante

Au jardin

• Trois bons jours pour semer votre nouvelle pelouse.
• Pour blanchir la chicorée et la frisée, renversez sur chaque pied un pot en terre.

Santé - Beauté

• Les huiles essentielles peuvent être dangereuses pour votre chat. Il lui manque une enzyme hépatique pour les assimiler.

AOÛT 2022

MARDI 16

Lune décroissante montante

=

Au jardin

• Semez les laitues, mais arrosez peu. Attendez demain pour bien leur donner à boire.
• Semez la mâche.
• Boutures de cactées et de plantes grasses.

Santé - Beauté

• Vous souffrez d'asthme chronique ou d'allergies récidivantes ? Et si c'était une malformation de votre cage thoracique ? Essayez la méthode Gesret.

MERCREDI 17

Lune décroissante montante

=

Au jardin

• Répartissez les pots de menthe dans vos massifs de fleurs et dans votre potager : une façon naturelle d'éloigner les pucerons et autres insectes.

Santé - Beauté

• Contre les tiques, frottez les pattes de votre chien (et le bas de vos pantalons avec du fenouil ou de l'ail). Dans vos chaussures mettez des semences de fenouil.

JEUDI 18

Lune décroissante montante

–

Au jardin

• Ensachez, si vous êtes envahi par les guêpes ou si les oiseaux raffolent de vos grappes ou attaquent vos poires.

Santé - Beauté

• La tique est vectrice d'une maladie de plus en plus fréquente, la maladie de Lyme. En effet, certains insectes et les tiques transmettent une bactérie, la borrelia.

VENDREDI 19

Dernier quartier (montante

= **Au jardin**

• Pelouses : pour rénover les parties abîmées, apport de tourbe ou de fumier. Semez. Passez le rouleau à gazon. Et surtout, arrosez !

Santé - Beauté

• La borréliose (maladie de Lyme) passe souvent inaperçue. Au bout de quelques années, elle devient chronique avec fatigue intense, douleurs, dépression…

DQ

SAMEDI 20

Lune décroissante montante

= **Au jardin**

• Semez les haricots et les radis d'hiver.
• Ramassez l'ail, les échalotes, l'oignon.
• Semez les plantes potagères à fruits (courgettes, haricots, etc.).

Santé - Beauté

• Seule analyse fiable pour détecter une maladie de Lyme chronique : le Western Blot Mikrogen à demander en plus du test Elisa.

DIMANCHE 21

Lune décroissante montante

– **Au jardin**

• Commandez vos bulbes d'automne pour une floraison de printemps (crocus, chionodoxa, muscari, perce-neige…).

Santé - Beauté

• Cheveux gras ? C'est peut-être dû à une mauvaise digestion. Pensez aux probiotiques et aux vitamines B. Limitez viandes rouges et sucres lents ou rapides.

LUNDI 22

Lune décroissante descendante

=

Au jardin

- « Nettoyez » vos vivaces, coupez les fleurs fanées.
- Soulagez le stress hydrique (et lunaire) des arbres fruitiers. Arrosez au pied.

Santé - Beauté

- Essayez la lithothérapie déchélatrice (ampoules en pharmacie) pour rééquilibrer votre thyroïde. Azurite 8D le matin et Iodargyrite 8D le soir.

D A

MARDI 23

Lune décroissante descendante

+

Au jardin

- Marcottez la glycine.
- Taillez les fuschias malades et traitez.
- Vérifiez les tuteurs des dahlias et supprimez les feuilles malades ou jaunies.

Santé - Beauté

- 2 jours favorables pour une intervention chirurgicale ou dentaire. Si vous ne passez pas sur le billard, profitez-en pour faire un don du sang.

MERCREDI 24

Lune décroissante descendante

=

Au jardin

- Pour faire sécher certaines fleurs (hortensias par exemple), pendez-les la tête en bas dans votre sous-sol ou votre cave.

Santé - Beauté

- Pas de paracétamol en fin de grossesse : cela augmente les risques d'allergies chez les enfants.

JEUDI 25

Lune décroissante descendante

– **Au jardin**

• Journée propice au désherbage par arrachage ou brûlage.
• Pulvérisation de purin d'ortie dilué pour lutter contre les pucerons.

Santé - Beauté

• Parmi les sports les plus agréables et les plus complets : le vélo, la marche et la natation. En plus, c'est facile et ça ne coûte pas cher !

VENDREDI 26

Lune décroissante descendante

= **Au jardin**

• Les épinards d'hiver (comme le *géant d'hiver*), à larges feuilles résistantes au froid, se sèment à la fin de l'été pour une récolte d'octobre à décembre.

Santé - Beauté

• Bonne nouvelle lune demain. Profitez-en pour couper les pointes et les fourches de vos cheveux.
• Les balais-vapeur réduisent les allergies aux poils de chat.

SAMEDI 27

Nouvelle Lune descendante

= **Au jardin**

• Dans le sud de la France, protégez vos salades du soleil. Repiquez-les dans un sillon que vous avez préalablement arrosé et faites de l'ombre.

Santé - Beauté

• Ne prenez pas de zinc si vous manquez de fer. Les deux minéraux sont antagonistes. Pour stocker le fer, consommez beaucoup de vitamine C.

DIMANCHE 28

Lune croissante descendante

Au jardin

• Graines de tomates, courges, piments et aubergines. Choisissez 2 beaux fruits et amenez à maturation jusqu'au pourrissement. Lavez-les et séchez les graines.

Santé - Beauté

• Pour soulager l'œsophagite ou la gastrite, buvez, soir et matin (pendant 3 jours max), de l'eau d'argile : 1 c. à c. d'argile dans un verre d'eau.

LUNDI 29

Lune croissante descendante

Au jardin

• Dans tous les cas : conservez vos graines dans des sachets en papier. Indiquez la variété et la date de la récolte. Ne jamais ressemer avant 6 mois.

Santé - Beauté

• Cure d'automne : prenez de la gelée royale (le matin) et des vitamines C et B. Le soir, buvez des tisanes de prêle ou d'ortie.

MARDI 30

Lune croissante descendante

Au jardin

• Si vous ne pouvez pas attendre le 14 septembre, commencez les vendanges, surtout pour des vins de caractère qui devront mûrir en fûts.

Santé - Beauté

• Honeysuckle (le chèvrefeuille) est l'élixir floral destiné à ceux qui sont tristes et se réfugient dans la nostalgie du passé.

MERCREDI 31

Lune croissante descendante

Au jardin

• Le soir, repiquez les bisannuelles (giroflées, pâquerettes, myosotis…). Arrosez généreusement.
• Au nord de la Loire, semez les betteraves.

Santé - Beauté

• Le résvératrol est un antioxydant contenu dans le raisin, les mûres ou la renouée du Japon. Il est anti-inflammatoire, anti-tumoral et allongerait la durée de vie.

Quelques plantes médicinales

Il existe une multitude de plantes pour chaque affection. Votre choix se portera sur les plus faciles à trouver et sur celles qui vous seront les plus agréables à boire en tisane. Quant aux gélules, vérifiez qu'elles ne contiennent pas de stéarate de magnésium.

- *Circulation : hamamélis, vigne rouge, ail…*
- *Dépression : millepertuis, gentiane…*
- *Diabète : chou, radis noir, artichaut, olivier, ortie…*
- *Digestion : chou, radis noir, romarin, menthe…*
- *Hypertension : olivier, ail, petite pervenche…*
- *Libido féminine : sauge, maca, angélique, ortie…*
- *Libido masculine : Tribulus, romarin, shisandra…*
- *Mémoire : Ginkgo biloba, petite pervenche…*
- *Ménopause : yam, soja, trèfle, luzerne, sauge…*
- *Migraine : partenelle, lavande, Cimicifuga…*
- *Peau : bardane, pensée sauvage, carotte…*
- *Reminéralisant : prêle, bambou, ortie…*
- *Rhumatismes : uña de gato, Harpagophytum…*
- *Sommeil : aubépine, tilleul, passiflore, valériane…*
- *Stress : aubépine, passiflore…*

SEPTEMBRE 2022

JEUDI 1ER

Lune croissante descendante

− **Au jardin**

- Tuteurez les dahlias et les légumes-fruits.
- Nettoyez, préparez, bêchez les plates-bandes des vivaces. Retirez les tuteurs, passez-les à l'alcool à brûler.

Santé - Beauté

- Pour un réveil tonique, 20 jours de cure de gelée royale et de ginseng.
- L'exercice physique, c'est 30 minutes d'affilée, si possible 3 fois par semaine.

NLD

VENDREDI 2

Lune croissante descendante

= **Au jardin**

- Bouturez les hortensias avec les pousses de la base.
- Vendanges possibles selon la maturation et la météo. Sinon, patientez jusqu'au lundi 5.

Santé - Beauté

- Prenez le temps de soigner vos mains et vos pieds. Laissez tremper 5 minutes vos doigts dans la préparation ci-dessous.

SAMEDI 3

Premier quartier descendante

+ **Au jardin**

- Si la pelouse est encombrée de feuilles et si elle n'est pas trop mouillée, passez la tondeuse, vous ferez d'une pierre deux coups.

Santé - Beauté

- Mélangez 2 c. à s. de miel + 2 c. à s. d'huile d'olive + 4 c. à s. de lait en poudre + 3 gouttes d'HE de lavande ou de citron dans 1 l d'eau chaude.

PQ

DIMANCHE 4

Lune croissante descendante

+ Au jardin

• Étêtez vos aubergines au-dessus du second bouquet sur la tige principale. Supprimez les rejets qui partent du pied.

Santé - Beauté

• Les thérapeutes qui pratiquent la méthode mise au point par Milton Erickson se regroupent dans des associations présentes partout dans le monde.

LUNDI 5

Lune croissante montante

+ Au jardin

• Prélevez les boutures des succulentes et laissez-les dans l'eau jusqu'à la lune descendante.
• Taille du seringa et du weigelia.

Santé - Beauté

• Des chercheurs suisses viennent de prouver une évidence : être généreux augmente la sensation de bonheur et renforce l'optimisme.

M

MARDI 6

Lune croissante montante

= Au jardin

• Arrosez régulièrement les melons, ainsi que vos radis (2 fois par semaine, pour ne pas qu'ils piquent) et vos salades.

Santé - Beauté

• L'hypnose ericksonienne est très efficace contre le tabagisme, la boulimie, l'anorexie, certaines formes de dépression…

SEPTEMBRE 2022

MERCREDI 7

Lune croissante montante

Au jardin

- Posez un filet sur les rocailles et le bassin pour récupérer les feuilles mortes.
- Mettez tous les débris végétaux sains au compost.

Santé - Beauté

- Les feuilles d'aubergine s'utilisent en cataplasme pour lutter contre les brûlures, les abcès et les hémorroïdes.
- Promenez-vous, relaxez-vous.

P

JEUDI 8

Lune croissante montante

Au jardin

- Charbon de bois dans le fond des pots de plantes d'intérieur à fleurs. En mettre aussi 2 ou 3 morceaux dans l'eau de vos boutures.

Santé - Beauté

- Les pommes aident à mincir et donnent du tonus. Mais attention à ne manger que des pommes bio.
- Crises d'angoisse possibles.

VENDREDI 9

Lune croissante montante

Au jardin

- Enterrez le thym en ne laissant dépasser que l'extrémité de ses rameaux, au printemps il n'en sera que plus vigoureux.

Santé - Beauté

- Très grandes marées et lune perturbante jusqu'à lundi.
- Contre l'énurésie (pipi au lit), glissez une épaisse couche de fougères entre le drap et le matelas.

SAMEDI 10

Pleine Lune montante

=

Au jardin

• La pluie peut amplifier certaines influences lunaires en périodes de pleine lune, de nouvelle lune ou de périgée. Attendez un jour ou deux avant d'arroser.

Santé - Beauté

• Selon une étude réalisée par un site de rencontres sur internet, la pleine lune aurait une forte influence sur la libido et sur le désir de séduction.

PL

DIMANCHE 11

Lune décroissante montante

=

Au jardin

• Surveillez le ciel !
Les vignerons connaissent le proverbe : « Étoiles filantes en septembre, gros tonneaux en novembre.»

Santé - Beauté

• Démarrez votre régime dès ce soir.
• Si vous n'aimez pas le thé vert, essayez le Pu Erh ou le Oolong aux qualités comparables.

LUNDI 12

Lune décroissante montante

–

Au jardin

• Astuce : avec un peigne pour chien, débarrassez vos graminées persistantes de leurs feuilles fanées.

Santé - Beauté

• Quels que soient votre forme ou votre régime, n'oubliez pas de boire 2 à 3 tasses de tisane ou de thé vert par jour.

SEPTEMBRE 2022

MARDI 13

Lune décroissante montante

Au jardin

• Le laurier-sauce a besoin de soleil mais tolère la mi-ombre. Trop à l'ombre, il sera plus facilement sujet aux maladies.

Santé - Beauté

• Contrairement à une idée reçue, les mycoses s'attrapent rarement dans les piscines. Elles surviennent avec un excès de candida albicans.

MERCREDI 14

Lune décroissante montante

Au jardin

• Cueillez les tomates et finissez de les faire mûrir dans une cagette avec une ou deux bananes.
• Plantez le laurier dans une terre mélangée avec du terreau.

Santé - Beauté

• Le candida est un champignon qui colonise les intestins. Pour l'éviter, il faut limiter le gluten, le sucre et prendre des probiotiques.

NLA

JEUDI 15

Lune décroissante montante

Au jardin

• Quand vous coupez les choux pommés, laissez les tiges dans la terre. De petits choux (à frire) vont apparaître.

Santé - Beauté

• Jouée ou entendue, la musique améliore l'état de santé physique des schizophrènes et les aide à renouer un lien social.

VENDREDI 16

Lune décroissante montante

Au jardin

• Détachez les marcottes de l'année précédente pour les rempoter (rhododendrons, jasmins, clématites…).
• Divisez les vivaces pour leur donner du tonus.

Santé - Beauté

• Le jus d'herbe d'orge est un concentré de vitamines et d'oligo-éléments. Il facilitera votre cure minceur par un effet coupe-faim et détoxifiant.

SAMEDI 17

Dernier quartier montante

Au jardin

• Traitez préventivement les pommes de terre contre le mildiou avec une pulvérisation de bouillie bordelaise.
• Pour les blanchir, buttez les rangs d'endives.

Santé - Beauté

• Les courges et les melons sont constitués de 95 % d'eau et de fibres, ce qui en fait un aliment minceur, particulièrement laxatif et diurétique.

DQ

DIMANCHE 18

Lune décroissante montante

Au jardin

• Plantez l'échalote et l'ail pour une récolte au printemps.
• Plantez les bulbes pour une floraison printanière abondante.

Santé - Beauté

• Selon une étude américaine, les insecticides ménagers et les traitements anti-poux augmentent le risque de leucémie chez l'enfant.

SEPTEMBRE 2022

LUNDI 19

Lune décroissante descendante

Au jardin

- Nettoyez les rocailles.
- Repiquez vos boutures, prélevées en lune montante.
- Changement de sens et apogée sans réelle incidence.

Santé - Beauté

- Vous êtes-vous inscrit dans un club de bridge, un atelier de dessin, un cours de danse ou de yoga ? Les associations vous ouvrent leurs portes jusqu'à la fin du mois.

D A

MARDI 20

Lune décroissante descendante

Au jardin

- Préparez le sol de vos rosiers pour une plantation en novembre. Bêchez profondément avec un mélange de tourbe et de fumier.

Santé - Beauté

- L'ail est une véritable panacée : antibiotique, antibactérien, antiviral, anticancer. Croquez-en une gousse chaque jour.

MERCREDI 21

Lune décroissante descendante

Au jardin

- Le Dorycnium hirsutum (Lotus hirsutus) est un arbuste des bords de mer d'origine méditerranéenne qui s'acclimate sur la côte atlantique. Très mellifère, il fleurit rose en été.

Santé - Beauté

- Pour éviter l'haleine forte avec l'ail, croquez ensuite des grains de café. Ou bien, avalez des capsules d'huile à l'ail mais elles sont bien moins concentrées.

JEUDI 22

Lune décroissante descendante

Au jardin

- Labourez et enfouissez fumier ou compost.
- Dégagez les feuilles qui font de l'ombre aux grappes de raisin.

Santé - Beauté

- À partir de demain, vous allez retrouver la grande forme. Vous cicatriserez mieux petits et gros bobos, physiques et psychiques…

VENDREDI 23

Lune décroissante descendante

Au jardin

- Taille possible des arbustes à fleurs.
- Plantez conifères et autres arbres non-fruitiers en jours « Fruits » ou « Racines » ; jamais en jours « Feuilles ».

Santé - Beauté

- Douleurs articulaires, choisissez l'homéopathie avec Ledum Palustre 7 CH, 3 granules matin et soir. Passez à 5 CH toutes les heures en cas de crise.

SAMEDI 24

Lune décroissante descendante

Au jardin

- C'est la bonne période pour planter la plupart des arbustes achetés en conteneur, surtout dans les régions qui craignent les gelées dès novembre.

Santé - Beauté

- Luttez contre l'herpès avec l'homéopathie. Alternez Arum Triphyllum 4 CH et Rhus Tox 4 CH le matin. Au coucher Pulsatilla 4 CH.

SEPTEMBRE 2022

DIMANCHE 25

Nouvelle Lune descendante

= **Au jardin**

- Nouvelle lune correcte.
- Prélevez les boutures de plantes d'appartement ou d'arbustes et laissez-les dans l'eau jusqu'à une lune descendante.

Santé - Beauté

- En cas de sensation de plaque électrique sur les cuisses, de tremblement incontrôlables, essayez Tarentula 7 CH, 3 granules, une fois par jour.

NL

LUNDI 26

Lune croissante descendante

– **Au jardin**

- De nombreuses araignées tissent leurs toiles à l'automne. Celles qui résisteront à l'hiver font des réserves. Laissez-les vous débarrasser des insectes.

Santé - Beauté

- Et hop, c'est reparti pour la maussaderie et les matins difficiles.
- Ne vous consolez pas avec des sucreries ou de l'alcool, ce sera pire !

MARDI 27

Lune croissante descendante

= **Au jardin**

- 2 jours pour planter les rhizomes de pivoine, d'iris ou de lis, pour diviser les pieds, déplanter et replanter…
- Moment parfait pour aller aux champignons.

Santé - Beauté

- Vous pouvez teindre vos cheveux : la teinture (naturelle !) prendra mieux et durera plus longtemps.

MERCREDI 28

Lune croissante descendante

=

Au jardin

• Divisez et replantez les vivaces à massifs.
• Récolte du riz, de septembre à novembre quand la tige atteint 50 cm.

Santé - Beauté

• Le silicium est indispensable aux os, à la peau, aux articulations. Seule sa forme végétale ou « organique » est assimilable par notre métabolisme.

JEUDI 29

Lune croissante descendante

–

Au jardin

• Astuce pour peindre le fer : donnez-lui un ton vieilli avec une peinture « martelé-rouille » ou plus simple, un vernis à appliquer directement sur la ferraille oxydée.

Santé - Beauté

• Il existe au moins 50 espèces de piments plus ou moins piquants. Il peut être jaune, vert, rouge, violet, long, rond, pointu… Il accompagne les salades et les plats cuisinés.

VENDREDI 30

Lune croissante descendante

=

Au jardin

• Les champignons sortent le bout de leur nez.
• Repiquez en couche pensées, giroflées et myosotis semés fin juin.

Santé - Beauté

• Le piment est un désinfectant intestinal. Il réduit le candida albicans et protège des infections digestives et des rhumatismes.

OCTOBRE 2022

SAMEDI 1ER

Lune croissante descendante

+

Au jardin

• Les purins se conservent plusieurs mois dans des bidons de plastique. Faites des réserves pour le printemps prochain.

Santé - Beauté

• Les plantes médicinales sont souvent plus efficaces prises par 2 ou 3. Mais ne dépassez pas 5 ingrédients dans vos tisanes.

DIMANCHE 2

Lune croissante descendante

+

Au jardin

• Semez des poireaux que vous ne repiquerez pas et qui donneront de fins poireaux très tendres au printemps.
• Mouron rouge : arrachage systématique.

Santé - Beauté

• Les semences décortiquées et broyées des cucurbitacées sont aphrodisiaques et soulagent des problèmes de prostate de l'homme à partir de la cinquantaine.

LUNDI 3

Premier quartier montante

=

Au jardin

• Désensachez les fruits par temps nuageux.
• Coupez les pousses d'asperges.
• Récoltez les coings… mais vos confitures devront être consommées rapidement.

Santé - Beauté

• L'huile essentielle de sarriette soulage la fatigue, les douleurs et la mauvaise circulation. 5 gouttes très diluées dans de l'huile d'olive en massage sur les jambes.

PQ M

MARDI 4

Lune croissante montante

–

Au jardin

• Taillez les framboisiers remontants : coupez les tiges qui ont produit cette année.
• Surveillez les branches trop chargées et éliminez les fruits abîmés.

Santé - Beauté

• En cas d'irritation insupportable suite à l'application d'une huile essentielle, savonnez et rincez abondamment. Évitez de toucher l'œil ou une muqueuse.

P

MERCREDI 5

Lune croissante montante

–

Au jardin

• Alimentez les poissons de sorte qu'ils fassent des réserves pour l'hiver car les daphnies et autres animaux aquatiques se font rares.

Santé - Beauté

• Faites d'abord un test de tolérance sur l'intérieur du poignet car l'huile essentielle de sarriette est forte, pour ne pas dire caustique.

JEUDI 6

Lune croissante montante

=

Au jardin

• L'osmanthe est un arbuste qui ressemble au houx. Très décoratif, il se plante isolé ou en haie. Le feuillage est dense et facile à tailler.

Santé - Beauté

• La quinine soulage les crampes mais peut avoir des effets indésirables graves : réactions allergiques ou troubles hématologiques.

VENDREDI 7

Lune croissante montante

=

Au jardin

• Mettez en place les plantes alpines. Si vous attendez trop, les petites racines risquent de pâtir du gel.
• Divisez les vivaces pour leur donner du tonus.

Santé - Beauté

• 4 jours fatigants et déprimants en perspective. Bichonnez-vous avec des massages et des bains aux huiles essentielles.

SAMEDI 8

Lune croissante montante

–

Au jardin

• Ne placez pas de fruits (pomme, poire, banane, prune…) à côté des fleurs car ils dégagent de l'éthylène, qui mettra à mal les bouquets et les fera dépérir en un jour !

Santé - Beauté

• 10 gouttes d'huile essentielle (citron ou niaouli ou ravensare…) dans 1 c. à s. de bicarbonate de soude à laisser sous le robinet de votre baignoire.

DIMANCHE 9

Pleine Lune montante

–

Au jardin

• Commencez les labours en enfouissant le fumier.
• Évitez les récoltes et notamment les vendanges jusqu'à mardi.
• Patientez en ramassant les feuilles mortes !

Santé - Beauté

• Pleine lune pour le moins déagréable !
• Contre la fatigue, buvez beaucoup d'eau ; prenez de la vitamine C naturelle le matin et du 5-HTP le soir.

PL

LUNDI 10

Lune décroissante montante

−

Au jardin

• Désherbage, travaux d'entretien…
• Repeignez les volets, nettoyez les allées, consolidez les étagères du fruitier…

Santé - Beauté

• Le potimarron est délicieux en soupe.
Il suffit de le couper en morceaux (sans ajouter d'eau), de chauffer doucement puis d'écraser en purée.

MARDI 11

Lune décroissante montante

=

Au jardin

• Quatre jours de vendanges et de récoltes des fruits.
• Semez les légumes résistants au froid ou bien encore des fleurs annuelles ou vivaces.

Santé - Beauté

• Le potimarron favorise la digestion.
Il est recommandé aux personnes constipées, diabétiques ou souffrant de problèmes cardiaques.

NLA

MERCREDI 12

Lune décroissante montante

+

Au jardin

• Récoltez les légumes-fruits et les pommes, les poires, les kakis ou les coings selon maturité.
Jour favorable pour les conserves ou les confitures.

Santé - Beauté

• Poursuivez les soins des cheveux et des ongles, mais sans les couper.
• Rhumes, angines, aphtes… procédez à des gargarismes de citron chaud.

OCTOBRE 2022

JEUDI 13

Lune décroissante montante

+

Au jardin

• Dans le Midi, semez les fèves pour la récolte de printemps.
• Ne replantez jamais un arbre à l'endroit d'un arbre mort ou déplanté.

Santé - Beauté

• Psoriasis : prenez de la vitamine D et du sélénium en supplémentation.
• Les champignons sont de parfaits alicaments, riches en nutriments et en principes thérapeutiques.

VENDREDI 14

Lune décroissante montante

=

Au jardin

• Plantes de terre de bruyère : mouillez les racines avant la plantation.
• Quand vous replantez les bruyères, ajoutez un peu de vinaigre ou bien le jus d'un citron dans l'eau.

Santé - Beauté

• Les champignons, sont très concentrés en vitamines D, K et B3 (indispensable à la peau ou aux systèmes digestifs et nerveux).

SAMEDI 15

Lune décroissante montante

–

Au jardin

• Seules les graines de plantes rustiques ou anciennes germent sans problème. Si vous voulez ressemer d'une année sur l'autre, n'achetez que du bio.

Santé - Beauté

• La châtaigne a une composition proche de celle du blé. Elle est reminéralisante, anti-anémique. Elle est aussi très calorique.

DIMANCHE 16

Lune décroissante descendante

=

Au jardin

• Semez en pleine terre les annuelles : coquelicots, godétias, pieds d'alouette…
• Nettoyez les géraniums avant de les rentrer.

Santé - Beauté

• Ne soyez pas surpris si vous vous sentez patraque.
• En lithothérapie, Tourmaline D8 est prescrit pour les états dépressifs.

D

LUNDI 17

Lune décroissante descendante

+

Au jardin

• Supprimez les fleurs fanées des dahlias.
• Repiquez en place les bisannuelles semées en août : pensées, campanules, giroflées…

Santé - Beauté

• Quelle que soit sa couleur, la tourmaline est considérée en général comme un rééquilibrant du système nerveux. On la trouve sous forme d'élixir.

A

MARDI 18

Dernier quartier descendante

+

Au jardin

• Promenez-vous dans les bois en emportant un panier : jour à champignons !
• Désormais il vaut mieux ne plus tondre la pelouse, sauf si indispensable.

Santé - Beauté

• Pour ralentir le Parkinson : coenzyme Q10, vitamine C, B9 et A, curcuma, spiruline, huile de périlla, papaye fermentée, glutathion.

DQ

OCTOBRE 2022

MERCREDI 19

Lune décroissante descendante

Au jardin

• Enterrez le thym en ne laissant dépasser que l'extrémité de ses rameaux, au printemps il n'en sera que plus vigoureux.

Santé - Beauté

• Riz et pommes sont la base d'un régime anti-hypertension très efficace. Mettez-les le plus souvent possible à vos menus.

JEUDI 20

Lune décroissante descendante

Au jardin

• Cueillez les tomates et finissez de les faire mûrir dans une cagette avec une ou deux bananes.
• Ramassez les endives blanchies.

Santé - Beauté

• La gelée royale et la propolis, fabriquées par les abeilles ont des propriétés antibactériennes. Elles aident à renforcer les défenses naturelles.

VENDREDI 21

Lune décroissante descendante

Au jardin

• Pensez aux confitures de tomates vertes pour celles qui ne mûriront plus.
• Taillez les pêchers après la récolte.

Santé - Beauté

• Évitez toujours la cuisson au beurre et à la crème : mieux vaut en rajouter une noisette après, directement sur le plat.

SAMEDI 22

Lune décroissante descendante

+ Au jardin

• Le Dorycnium hirsutum (Lotus hirsutus) est un arbuste des bords de mer d'origine méditerranéenne qui s'acclimate sur la côte Atlantique. Très mellifère, il fleurit rose en été.

Santé - Beauté

• Choisissez une huile d'olive extra-vierge, qui supporte mieux les hautes températures et dont les avantages pour la santé ne sont plus à démontrer.

DIMANCHE 23

Lune décroissante descendante

+ Au jardin

• Préparez le sol de vos rosiers pour une plantation en novembre. Bêchez profondément avec un mélange de tourbe et fumier.

Santé - Beauté

• Ne cuisinez jamais dans l'aluminium, surtout pas de papillottes ! L'aluminium augmente les risques d'Alzheimer.

LUNDI 24

Lune décroissante descendante

= Au jardin

• Les rosiers remontants donnent des fleurs jusqu'aux premières gelées à condition de retirer les fleurs fanées au fur et à mesure.

Santé - Beauté

• La semaine commence mal ! Vous vous sentez maladroit aussi bien dans vos gestes que dans vos pensées. Normal, l'éclipse, c'est demain.

OCTOBRE 2022

MARDI 25

Nouvelle Lune descendante

Au jardin

• Éclipse de soleil.
• Jardinage impossible ! Mettez à profit votre inactivité pour améliorer votre composteur, votre récupérateur d'eau, votre bassin…

Santé - Beauté

• Pour lutter contre la déprime, vous voulez changer de tête ? Vous couper les cheveux ? les teindre ? Mauvaise idée. Ni coupe ni teinture avant le 12 novembre !

NL ÉS

MERCREDI 26

Lune croissante descendante

Au jardin

• Vous pouvez préparer les trous pour planter vos arbres (pourquoi pas un ginkgo biloba le 10/11 ?) Décompactez la terre sur les bords, mettez du compost dans le fond.

Santé - Beauté

• La nuit ne vous semblera pas suffisante pour récupérer. Évitez la grasse matinée et prenez une douche écossaise pour vous remettre la tête à l'endroit.

NLD

JEUDI 27

Lune croissante descendante

Au jardin

• Période franchement mauvaise. Profitez-en pour observer vos haies. Ont-elles des trous ? Pouvez-vous y introduire une autre variété ? Aubépine, houx, mahonia ou osmanthe ?

Santé - Beauté

• Il existe un élixir floral élaboré à partir de fleur de pommier. C'est Crab Apple qui permet de cicatriser les humiliations même anciennes.

VENDREDI 28

Lune croissante descendante

– **Au jardin**

• Installez un paillage dans vos massifs et plantations pour ralentir l'installation des adventices à racines longues.

Santé - Beauté

• Otites : imbibez un coton de jus ou d'huile essentielle de citron, placez-le à l'entrée de l'oreille sans enfoncer.

SAMEDI 29

Lune croissante descendante

– **Au jardin**

• Ne marchez jamais sur la terre, mais uniquement sur les allées. Posez des planches entre vos rangs de légumes pour vous déplacer.

Santé - Beauté

• Dessinez, jouez au carte, reprenez votre journal intime, surtout faites fonctionner vos petites cellules grises comme dirait le détective Hercule Poirot.

P

DIMANCHE 30

Lune croissante montante

= **Au jardin**

• Pour les arbustes fruitiers, n'achetez pas de variétés hybrides ou de chimères. Elles se reproduisent moins facilement et sont moins goûteuses.

Santé - Beauté

• Ne craignez pas les araignées. Les morsures sont très rarement mortelles. Dans la majorité des cas, l'animal ne libère pas de venin lors de l'attaque.

M

LUNDI 31

Lune croissante montante

Au jardin

• Excellente période pour aller aux champignons. Jusqu'au 6 décembre, chaque jour vous réservera de bonnes surprises.

Santé - Beauté

• Le problème ne découle généralement pas de la réaction au venin de l'araignée mais de l'infection découlant de la morsure.

Plantez les arbustes et les arbres

• *Creusez un trou suffisant, sans en lisser les parois, pour que les racines n'aient pas de difficulté à les coloniser.*

• *Rafraîchissez les racines au sécateur, pralinez-les si possible.*

• *Pensez au tuteur dont vous brûlerez l'extrémité.*

• *Mettez un peu de terre au fond et posez les racines en les répartissant bien dans le trou; ajoutez un mélange de terre et de compost mûr (si le sol est très argileux: 1/3 tourbe, 1/3 sol, 1/3 terreau) et tassez la terre en laissant une cuvette au pied de l'arbre.*

• *Tassez pour assurer la reprise et éviter les accidents dus au vent ou au gel. Vous pouvez protéger le collet en paillant le sol en surface.*

• *En cas de sol très humide, planter sur butte permet de limiter les risques de pourriture des racines, et le sol, au niveau des racines, se réchauffera plus vite au printemps.*

MARDI 1ER

Premier quartier montante

Au jardin

• Parmi les arbustes qui fleurissent en mars, pensez à planter dès maintenant un cognassier du Japon (Chaenomels x superba).

Santé - Beauté

• Prenez des cours de chant pour respirer mieux et évacuer le stress.
• Le chou, le navet et tous les crucifères protègent les voies digestives et sont riches en soufre.

PQ

MERCREDI 2

Lune croissante montante

Au jardin

• Les Viburnum (Viburnum farrerri ou Viburnum grandiflorum) sont des arbustes qui fleurissent blanc ou rose une grande partie de l'hiver.

Santé - Beauté

• Le soufre intervient dans le métabolisme du système respiratoire et cutané. On l'utilise en dermatologie, infectiologie ORL et rhumatologie.

JEUDI 3

Lune croissante montante

Au jardin

• Buttez les jeunes rosiers sensibles au froid en ramenant un monticule de terre de 15-20 cm sur le collet et le point de greffe du gel, autour de la base des tiges.

Santé - Beauté

• L'excès de certains composés soufrés (issus du vin ou de médicaments) entraîne allergies, maux de tête, démangeaisons, hypertension…

NOVEMBRE 2022

VENDREDI 4

Lune croissante montante

+ **Au jardin**

• Le chancre bactérien provoque, sur les troncs, des taches brunâtres qui se crevassent. Avec des sécateurs non désinfectés, il peut propager tout un verger.

Santé - Beauté

• Un sport auquel on pense rarement, qui s'est démocratisé et possible à pratiquer à tout âge sans avoir une forme exceptionnelle : la plongée sous-marine.

SAMEDI 5

Lune croissante montante

+ **Au jardin**

• Contre le chancre bactérien. Traitez à la bouillie bordelaise à l'automne ou avec une infusion de feuilles fraîches de capucine non dilué (1 kg dans 5 l d'eau).

Santé - Beauté

• Sous l'eau, vous respirez l'air pur régulièrement. Les mouvements musculaires sont doux. Et la pression de l'eau soulagera vos rhumatismes.

DIMANCHE 6

Lune croissante montante

= **Au jardin**

• Posez un tunnel sur les derniers épinards et laitues.
• Ne retournez pas trop souvent la terre. Un griffage et un désherbage suffisent.

Santé - Beauté

• Préférez les eaux tropicales pour leur chaleur et la beauté des fonds sous-marins. À cette époque de l'année, un peu de soleil n'est pas négligeable.

LUNDI 7

Lune croissante montante

Au jardin

• Vérifiez que vos plantes grimpantes sont bien attachées.
• Arrosez les agrumes rentrés sous serre toutes les 2 semaines.

Santé - Beauté

• Fin de semaine mitigée. Vous n'avez pas la grande forme ? Buvez un grand verre d'eau le matin au réveil, supprimez le café et bougez-vous !

MARDI 8

Pleine Lune montante

Au jardin

• Laissez les fruits décoratifs sur les rosiers botaniques, Complicata, Fritz nobis, Rosa rugosa, Blanc double de Coubert, Kiftsgate, Roseraie de l'Haÿ.

Santé - Beauté

• Encore une éclipse !
• Vous vous sentez susceptible ? Si vous êtes maussade, n'accusez pas la terre (entière)… mais la lune. C'est elle la vraie responsable !

PL ÉL NLA

MERCREDI 9

Lune décroissante montante

Au jardin

• Pour l'année prochaine, prévoyez une rotation des cultures. Jamais une même famille sur une même parcelle deux années de suite.

Santé - Beauté

• Si vous vous sentez lourd(e) ou énervé(e), allez vous oxygéner dans les bois ou en bord de mer. Mais ne forcez pas sur votre organisme.

JEUDI 10

Lune décroissante montante

=

Au jardin

• Profitez de votre inactivité forcée pour réfléchir à la nouvelle implantation de votre potager. Dessinez vos carrés de légumes.

Santé - Beauté

• 43 % de la population a déjà été en contact avec la toxoplasmose (souvent sans le savoir) et 90 % chez les patients atteints de schizophrénie ou de troubles bipolaires.

VENDREDI 11

Lune décroissante montante

–

Au jardin

• Parmi les mauvaises associations du jardin : ail et chou ; betterave et carotte ; chou et radis.
• Protégez les arbres fruitiers que vous venez de planter avec des sacs.

Santé - Beauté

• Selon l'Inserm, Toxoplasma gondii peut rester au repos dans certaines cellules du cerveau, provoquant des maladies, notamment la schizophrénie.

SAMEDI 12

Lune décroissante montante

=

Au jardin

• Semez les navets sur couche en place.
• Les traitements d'hiver évitent bien souvent des interventions en cours de végétation.

Santé - Beauté

• 3 kilos = pressions énormes dans les genoux et ligaments.
• Cure de radis noir frais ou en ampoules pour nettoyer le foie et la vésicule biliaire.

DIMANCHE 13

Lune décroissante descendante

Au jardin

- Prélevez les boutures et laissez-les dans l'eau jusqu'à la lune descendante.
- Plantez les pensées, semées en godet.

Santé - Beauté

- Verrues : appliquer du suc de chélidoine, de figuier ou de sureau sans dépasser.
- Hypertension ? Limitez le sel et prenez du potassium.

D

LUNDI 14

Lune décroissante descendante

Au jardin

- Dernières boutures et greffes de rosiers.
- Semez les vivaces.
- Les bulbes forcés ne doivent pas être replantés.
- Installez les plantes à racines nues.

Santé - Beauté

- Bonne période pour soigner les maux de tête avec des tisanes de partenelle. Massez vos tempes avec de l'huile essentielle de lavande.

A

MARDI 15

Lune décroissante descendante

Au jardin

- Coupez le bois de chauffage.
- Rempotage des plantes d'intérieur.
- Blanchissez les pissenlits en les recouvrant de terre.

Santé - Beauté

- Pour éviter les problèmes respiratoires, prenez l'habitude de sucer de la propolis et de manger régulièrement du miel.

NOVEMBRE 2022

MERCREDI 16

Dernier quartier ☾ descendante

Au jardin

- Enfoncez au pied de tous les arbres fruitiers 1 ou 2 gousses d'ail avec une barre de fer. Cela limite les maladies fongiques.
- Prélevez les greffons.

Santé - Beauté

- Zona. L'homéopathie peut être efficace. Traitement N° 1 pendant 3 semaines, 3 granules de Graphites 5 CH (matin) puis Causticum 5 CH (soir).

DQ

JEUDI 17

Lune décroissante descendante

Au jardin

- Coupez et brûlez les tiges flétries des groseilliers.
- Récoltez la mâche, l'oseille, le pissenlit et les choux de Bruxelles.
- Cueillez les kakis.

Santé - Beauté

- Zona, si le premier traitement n'a pas donné de résultat, essayez, pendant 3 semaines, 3 granules de Polygonum Aviculare 4 CH (matin) puis Bryonia 4 CH (soir).

VENDREDI 18

Lune décroissante descendante

Au jardin

- Taille d'hiver modérée des pommiers et des poiriers pour ne pas stimuler le développement des rameaux.
- Soupes et confitures de potiron, c'est délicieux.

Santé - Beauté

- Zona. Pendant 6 dimanches, ne prendre que Bryonia 15 CH, 6 granules le matin (interrompre les autres remèdes homéopathiques).

SAMEDI 19

Lune décroissante descendante

+ **Au jardin**

• Séparez les racines d'acanthe ou de pavot.
• Bulbes à floraison estivale : ramassez-les, nettoyez-les, laissez-les sécher à l'air.

Santé - Beauté

• Ces jours sont très favorables pour les soins des cheveux (shampoings traitants, masques, etc.).
• Un verre de bicarbonate comme assouplissant pour un linge plus doux.

DIMANCHE 20

Lune décroissante descendante

+ **Au jardin**

• Prâlinez les arbres à replanter. Haubanez-les.
• En zone continentale (Nord et Est), protégez brocolis et artichauts en recouvrant et en paillant tige et tête.

Santé - Beauté

• Cure pour éliminer les toxines (reins/foie) par des tisanes diurétiques (pissenlit, ortie, bouleau).
• En excès, l'ail est vomitif.

LUNDI 21

Lune décroissante descendante

= **Au jardin**

• Vérifiez l'état des tubercules de dahlias. Enlevez toutes les parties douteuses, noires ou molles. Cicatrisez à la fleur de soufre.

Santé - Beauté

• Pour un réveil tonique, 20 jours de cure de gelée royale et de ginseng.
• Détartrage des dents.
• Soignez vos ongles, taillez-les. Ils repousseront plus forts et moins vite.

MARDI 22

Lune décroissante descendante

Au jardin

–

• Videz le compost, triez le terreau et retournez ce qui n'est pas mûr. Et, si vous avez le courage, tamisez le terreau obtenu. Sinon, laissez faire le gel de cet hiver.

Santé - Beauté

• Alimentation, pensez à l'équilibre acido-basique. Moins de sucre, de produits laitiers et de sodium, plus de potassium et de légumes verts.

NLD

MERCREDI 23

Nouvelle Lune descendante

Au jardin

–

• Encore 3 jours négatifs pour le jardin. Mais à partir de dimanche, les influences lunaires seront en général positives.

Santé - Beauté

• Nouvelle lune qui vous rendra ramollo et raplapla. Ne vous laissez pas aller aux boissons alcoolisées ou à l'excès de café.

NL

JEUDI 24

Lune croissante descendante

Au jardin

–

• Pensez à installer des nichoirs.
• Travaux de remise en état de vos châssis.
• Il est trop tard pour tailler les arbustes à fleurs (seringas, lilas, etc.).

Santé - Beauté

• Attention aux susceptibilités et aux crises de tristesse : vous y serez particulièrement sensible aujourd'hui, si vous vous sentez fragile.

VENDREDI 25

Lune croissante descendante

Au jardin

- Toutes les feuilles saines du jardin d'agrément, mélangées ou non aux tontes, vont au compost. En revanche, par précaution, brûlez les feuilles des fruitiers.

Santé - Beauté

- Fragilité émotionnelle aujourd'hui et demain. Rééquilibrez vos émotions avec les Fleurs de Bach.
- Si vous vous laissez à la dérive, prenez l'élixir floral Wild Rose.

SAMEDI 26

Lune croissante montante

Au jardin

- Ne transportez jamais un arbre à racines nues sur le toit d'une voiture, au risque de les dessécher. Attention à protéger le tronc pour ne pas le blesser.

Santé - Beauté

- Les femmes enceintes doivent s'interdire l'utilisation des huiles essentielles jusqu'au 4e mois et rester très prudentes après.

M P

DIMANCHE 27

Lune croissante montante

Au jardin

- Prélevez les drageons sur les chrysanthèmes, ces éclats de souche replantés dans un pot donneront un nouveau chrysanthème.

Santé - Beauté

- Demain, commencez votre cure d'hiver pour repousser refroidissements, grippes et mauvaises fièvres. Renforcez vos défenses immunitaires.

NOVEMBRE 2022

LUNDI 28

Lune croissante montante

+

Au jardin

• On trouve encore des champignons. C'est le moment d'aller voir.
• Arrosez vos plantes de balcon qui ne reçoivent pas d'eau de pluie.

Santé - Beauté

• Cure d'hiver : prenez du cuivre en oligoéléments. Le soir, dégustez une bonne tisane de sauge ou de tilleul. Homéopathie : Influenzinum 7 CH.

MARDI 29

Lune croissante montante

=

Au jardin

• Vérifiez vos clôtures.
• Semis sous châssis des radis.
• Semis de carottes et de fèves.
• Plantez aulx, choux, endives, oignons…

Santé - Beauté

• Libido des messieurs ou troubles menstruels des dames : massages à l'huile essentielle d'ylang-ylang sur les cuisses et le dos.

MERCREDI 30

Premier quartier montante

+

Au jardin

• Sculptez, fabriquez des meubles : la lune adoucit le bois sous le ciseau !
• Cueillez le chou de Bruxelles et le chou-fleur.
• Pervenches : rabattez et bouturez.

Santé - Beauté

• Pour les Messieurs qui craignent de ne pas être à la hauteur : Tribulus + gelée royale, une association explosive !
• Attention au grignotage.

PQ

JEUDI 1ER

Lune croissante montante

Au jardin

- Bichonnez vos plantes d'intérieur : retirez les feuilles fanées, marcottez, bouturez…
- Arrosez les plantes d'intérieur à l'eau tiédie.

Santé - Beauté

- L'oxygénothérapie stimule la cellule, les systèmes immunitaires nerveux et cardiovasculaire, la circulation sanguine et diminue les maux de tête chroniques.

VENDREDI 2

Lune croissante montante

Au jardin

- Prélevez les boutures et laissez-les dans l'eau jusqu'à la lune descendante.
- Arrosez le poinsettia et les plantes d'intérieur avec de l'eau tiédie.

Santé - Beauté

- Les concentrateurs d'oxygène médical sont très chers. Mais il existe des appareils de « confort » à des prix très raisonnables et que l'on commande sur Internet.

SAMEDI 3

Lune croissante montante

Au jardin

- Bassin : éclaircissez sévèrement les plantes immergées. Videz la moitié de l'eau pour le nettoyer à fond. Remplissez à nouveau.
- Divisez la sarriette.

Santé - Beauté

- Bain anticellulite : 20 gouttes d'HE de genévrier dans 3 c. à s. de bicarbonate de soude à diluer sous le robinet.

DIMANCHE 4

Lune croissante montante

+ **Au jardin**

• Nettoyez les plantes d'intérieur ou les cactées infestées de cochenilles avec un coton enduit d'alcool à 60°, de vinaigre ou de bière.

Santé - Beauté

• L'EPP ou extrait de pépins de pamplemousse est antibactérien, antifongique et antiviral, capable de détruire plus de 800 microbes ou champignons.

LUNDI 5

Lune croissante montante

+ **Au jardin**

• Greffons : prélevez et mettez en jauge pour une greffe en lune décroissante et descendante en février ou mars.

Santé - Beauté

• Pour sortir de l'alcoolisme, l'abstinence totale est déconseillée. Les rechutes sont plus rapides. Il est plus facile et plus durable de diminuer progressivement.

NLA

MARDI 6

Lune croissante montante

= **Au jardin**

• Taille de formation pour les arbres fruitiers à pépins.
• Jour idéal pour allumer les cheminées : le tirage sera meilleur par la suite.
• Récolte des kakis.

Santé - Beauté

• Contre les mycoses entre les orteils : régime sans gluten + probiotiques 2 fois par jour. Coincez des cotons imbibés d'une décoction de sarriette.

MERCREDI 7

Lune croissante montante

Au jardin

• Au compost, pas de végétaux contaminés : larves d'insectes, maladies fongiques… Brûlez !

Santé - Beauté

• Hypersensibilité à la lumière des ordinateurs (et à la télévision) : reposez vos yeux avec des bains oculaires de bleuet ou de plantain.

JEUDI 8

Pleine Lune montante

Au jardin

• Protégez du gel vos plantes alpines duveteuses avec une plaque de plexiglas posée et maintenue sur des pieds de bois ou des cailloux.

Santé - Beauté

• Problèmes de prostate, cure d'huile de graine de courge et de saw palmetto. Prenez aussi du zinc et des vitamines B.

PL

VENDREDI 9

Lune décroissante montante

Au jardin

• Ramassez les feuilles mortes, surtout aux alentours des mares et des bassins que vous pouvez protéger avec un grillage ou un filet.

Santé - Beauté

• Crampes : mettez du savon de Marseille dans les draps, prenez Cuprum Metallicum 5 CH et un supplément de magnésium sous forme de citrate.

DÉCEMBRE 2022

SAMEDI 10

Lune décroissante descendante

=

Au jardin

• Par climat doux, vous pouvez semer les fèves précoces pour une récolte en avril. Vous avez le choix entre les variétés Séville, Karmazyn ou Muchamiel.

Santé - Beauté

• La phagothérapie est en train de devenir l'une des seules solutions pour soigner des bactéries multirésistantes. Mais elle n'est pas encore autorisée en France.

D

DIMANCHE 11

Lune décroissante descendante

+

Au jardin

• Bichonnez vos plantes d'intérieur : retirez les feuilles fanées, bouturez…
• Repiquez en place les bisannuelles semées en août : pensées, campanules, giroflées…

Santé - Beauté

• Les meilleures cliniques phagothérapeutiques se trouvent à Tbilissi (Géorgie) : pour les infections cutanées, buccales, intestinales ou ostéo-articulaires.

LUNDI 12

Lune décroissante descendante

+

Au jardin

• Maladies fongiques et autres se propagent d'une année sur l'autre. Nettoyez et désinfectez votre matériel avant de le ranger.

Santé - Beauté

• Pour plus d'information, interrogez les cliniques de Tbilissi. Leur personnel est francophone et vous dira si votre cas peut être résolu avec la phagothérapie.

A

MARDI 13

Lune décroissante descendante

Au jardin

• Nettoyez le potager ! Paillez la rhubarbe et les artichauts ; apportez du compost à demi-mûr ou un fumier très pailleux.

Santé - Beauté

• Antivirale, calmante, antibactérienne, hémostatique et circulatoire, l'huile essentielle de ciste rose est cicatrisante.

MERCREDI 14

Lune décroissante descendante

Au jardin

• Jusqu'au 18, excellente période pour les vendanges tardives. Vins remarquablement fruités et qui ne pourront que se bonifier en vieillissant.

Santé - Beauté

• Jusqu'au 19, période possible pour les interventions chirurgicales ou dentaires, les prises de sang et la pose de couronnes ou d'implants.

JEUDI 15

Lune décroissante descendante

Au jardin

• Taille des arbres fruitiers.
• Élaguez abricotiers, pruniers et cerisiers en appliquant un goudron cicatrisant et désinfectant sur les coupes.

Santé - Beauté

• Pour combler les caries, refusez les amalgames et préférez le composite. Avalez 1 c. à c. de charbon actif en poudre 3 jours avant et 3 jours après.

VENDREDI 16

Dernier quartier descendante

Au jardin

• Faites de la marmelade (orange, mandarine…) et des confitures (bananes, mangues…) : le sucre ne remontera pas.

Santé - Beauté

• Cataplasme de carotte râpée pour les ulcères des jambes, l'impétigo et les cicatrices de furoncles.
• Obésité de votre chat, ne lui laissez pas de nourriture en permanence.

DQ

SAMEDI 17

Lune décroissante descendante

Au jardin

• Débitez le bois de chauffage en bûches. Coupez le bois de palissage et le bois d'œuvre.
• Plantez un noyer.

Santé - Beauté

• Plus de 3000 tonnes d'aliments sont irradiées au cobalt 60, chaque année en France.
• Les compresses d'infusion de menthe soulagent les engelures.

DIMANCHE 18

Lune décroissante descendante

Au jardin

• Il est préférable de commencer l'arrachage des dahlias.
• Laissez sécher les souches de dahlias sur le sol avant de les rentrer.

Santé - Beauté

• Ail, oignons, aromates séchées ou surgelées, épices, fruits secs, tomates subissent l'ionisation au cobalt 60. Seul le bio n'est pas irradié.

LUNDI 19

Lune décroissante descendante

Au jardin

- Plantez les conifères et autres arbres non-fruitiers en jours « Fruits » ou « Racines », jamais en jours « Feuilles ».

Santé - Beauté

- En prévention de coliques néphrétiques : commencez une cure de 10 jours de décoction d'aubier de tilleul.

MARDI 20

Lune décroissante descendante

Au jardin

- Coupez des branches de houx, de pin, des rameaux de cornouiller ou de noisetier tortueux, pour les décorations de Noël.

Santé - Beauté

- Cumul des facteurs de risques : nœud descendant suivi d'une nouvelle lune vendredi, d'un changement de sens, d'un périgée et de très grandes marées…

NLD

MERCREDI 21

Lune décroissante descendante

Au jardin

- Protégez les camélias. S'ils résistent assez bien aux températures basses, la neige a tendance à brûler leurs boutons.

Santé - Beauté

- Sachez limiter les sources d'intoxication aux métaux lourds : fruits et légumes traités, excès de viande, eau du robinet, médicaments, tabac, alcool, etc.

JEUDI 22

Lune décroissante descendante

Au jardin

• Les dictons du mois :
« En décembre, fais du bois et endors-toi. »
« En décembre, mieux valent gel et glace que soleil vivace. »

Santé - Beauté

• L'absorption de nourriture fournit à la fois de l'énergie mais demande aussi de l'énergie ; trop manger fatigue.

VENDREDI 23

Nouvelle Lune descendante

Au jardin

• Pour empêcher le gel de votre bassin, laissez flotter deux ballons.
• Vérifiez si vos semences n'ont pas pris l'humidité. Faites le tri.

Santé - Beauté

• L'être humain a besoin de dépenser au moins autant d'énergie qu'il en absorbe, au risque de faire des réserves. Alors demain, faites attention ou bougez-vous !

NL

SAMEDI 24

Lune croissante montante

Au jardin

• Vidangez et mettez hors gel vos arrivées d'eau extérieures.
• Préparez une aspergeraie.

Santé - Beauté

• Cuite à la vapeur, la châtaigne se mange en purée ou en farce pour les poissons et les volailles. C'est l'accompagnement de choix pour la dinde.

M P

DIMANCHE 25

Lune croissante montante

−

Au jardin

• Couvrez vos fraisiers de 10 cm de copeaux de sarrasin, cela leur fera un humus et vous évitera la corvée du binage.

Santé - Beauté

• Haricots verts du Nigéria, avocats d'Afrique du Sud et fraises du Chili… Respectons la planète. N'achetons pas de fruits ou de légumes importés par avion !

LUNDI 26

Lune croissante montante

=

Au jardin

• Retournez le compost en retirant cailloux et bouts de bois.
• Grattez la terre pour enfouir l'engrais dans le potager.

Santé - Beauté

• Puisque vous avez fait des conserves et des confitures, c'est le moment d'en profiter. Qu'il est agréable de déguster des produits faits maison.

MARDI 27

Lune croissante montante

+

Au jardin

• Apportez de la chaux sur les parcelles destinées aux plantations de choux (différentes de celle de l'an passé).

Santé - Beauté

• Contre les engelures : faites un bain de pieds tiède de 10 min, avec une décoction de 500 g de céleri pour 2 l d'eau bouillante.

MERCREDI 28

Lune croissante montante

Au jardin

• Réfléchissez à comment rendre votre jardin plus beau, plus original, plus varié. Pensez aux murets, aux terrasses, aux bassins.

Santé - Beauté

• La constipation favorise la contamination des virus (herpès, varicelle, zona, cytomégalovirus, Epstein-Barr…). Les virus sont une cause de constipation chronique.

JEUDI 29

Lune croissante montante

Au jardin

• Le bambou forme des haies infranchissables. Une fois que vous avez fait le trou, entourez-le avec des tuiles plates pour limiter la prolifération des rhizomes.

Santé - Beauté

• Pour le réveillon, soignez vos cheveux sans pour autant vous faire une nouvelle tête : contentez-vous d'une coupe de stimulation.

VENDREDI 30

Premier quartier montante

Au jardin

• Tenez compte des particularités du climat pour penser à votre jardin en 2023. Ainsi, un jardin au bord de l'Atlantique n'a rien à voir avec un autre en Alsace.

Santé - Beauté

• Ne prenez pas des résolutions intenables : perdre 10 kg, arrêter tout alcool… Il faut tout faire progressivement et garder le cap !

SAMEDI 31

Lune croissante montante

+ **Au jardin**

• Il ne faut jamais enterrer la neige. Par conséquent ne la bêchez pas.
• Étalez de la paillette de lin sur les poireaux, pour empêcher la terre de geler.

Santé - Beauté

• N'oubliez pas la petite sieste avant une nuit blanche. Quand on est reposé, on s'amuse mieux et on contrôle plus facilement les excès de boisson et de nourriture.

Plantation et taille des arbres fruitiers

De novembre à début février, plantez vos arbres fruitiers, après les avoir laissés en jauge jusqu'au moment favorable indiqué sur le calendrier : jour « + » et « Fruits ».

• *Pour améliorer la fertilité et la structure du sol, incorporez-y de la matière organique.*

• *Bêchez le sol aux alentours. Sortez l'arbre de son conteneur et déposez-le dans le trou : le bourrelet de la greffe doit être au-dessus du niveau du sol.*

• *Comblez l'espace autour des racines.*

• *Tassez la terre du bout du pied.*

• *Tuteurez. Arrosez copieusement (au moins 20 litres d'eau).*

La taille de formation permet d'accroître la récolte en canalisant l'énergie de la plante vers la production de fruits. La plante produira aussi davantage de nouvelles pousses ; plus vigoureuses que les vieilles branches, elles résistent mieux aux maladies. Pour les arbres fruitiers à pépins, éliminez les bois morts, limitez les rameaux secondaires et éclaircissez l'intérieur de la couronne. Pour tous les arbres (et surtout abricotiers, pruniers ou cerisiers), appliquez un goudron cicatrisant et désinfectant sur les coupes.

Protégez votre système digestif…

• *Les repas de fin d'année sont souvent un peu trop arrosés ! Pour limiter les effets de l'alcool :*

- *prenez 1 c. à s. d'huile d'olive première pression à froid, avant chaque repas ;*
- *terminez impérativement les repas avec un grand verre d'eau ;*
- *et, pendant les mois de décembre et de janvier, faites une cure de probiotiques (en vente en pharmacie et magasin de produits naturels).*

• *Alternez les bains aux huiles essentielles de romarin, citron, genévrier, pin sylvestre, pamplemousse.*

… et votre jardin !

• *Haubanez les jeunes arbres en prévision des tempêtes d'hiver. Protégez-les du froid avec des fagots.*

• *Les tuteurs, clôtures et fils doivent être vérifiés et renforcés au besoin.*

• *En cas de neige abondante, il faut déneiger pour alléger la charge sur la végétation.*

• *Les excès d'eau provoquent le pourrissement des racines. Aérez la terre en introduisant de la matière organique brute : paille, écorces, feuilles.*

• *Un froid sec avec du vent est difficile à supporter pour les végétaux à feuillage persistant ; leurs racines prisonnières du sol gelé ne peuvent plus approvisionner les feuilles en eau alors que le vent provoque une évaporation : un bon paillis limitera le gel du sol et permettra aux jeunes conifères de supporter cette épreuve difficile.*

3

JARDINEZ AVEC LA LUNE

Le jardin demande un travail régulier, constant. La météo peut compromettre vos projets de jardinage. Par ailleurs, de nombreux jardiniers ne peuvent s'occuper de leurs fleurs ou de leurs légumes que pendant les week-ends. C'est pourquoi les indications ci-dessous correspondent à des périodes « idéales », jours où il est pratiquement impossible de « rater son coup ». Pour les autres jours, la réussite sera aussi au rendez-vous, quoique moins éclatante. Essayez toutefois de respecter les indications du calendrier au chapitre 2, pour mettre toutes les chances de votre côté.

DIFFICILE DE CONDUIRE SON JARDIN COMME UNE VOITURE

Il faudrait pouvoir jouer des deux sens de la Lune comme des pédales d'une voiture : l'accélérateur, c'est le cycle décroissant-croissant ; le frein, le cycle montant-descendant (voir définitions au chapitre 1). Car il faudrait éviter de cumuler la lune croissante et la lune montante, notamment pour les semis. Cette double stimulation – qui agit, d'une part, sur les liquides internes de la plante et, d'autre part, sur la photosynthèse – peut favoriser certaines plantes comme les vivaces ou les tomates, surtout si vous arrosez bien et réussissez à contrôler l'ensoleillement. Mais, parfois, l'effet est trop brutal : les radis sont filiformes et les salades montent en graine. On préférera donc tempérer la puissance de la lune croissante avec une lune descendante. Mais la configuration idéale, qui consiste à choisir le bon jour (Fruit, Légume, Racine ou Fleur), loin des moments risqués (périgée, changement de Lune, nœud lunaire), tout en respectant les saisons, les périodes naturelles de germination ou de récolte et les caprices de la météo, est rare.

LES JOURS ET LES FORMES VÉGÉTALES

Le critère primordial reste l'adéquation avec les jours « Racines », « Fleurs », « Feuilles » ou « Fruits ». Radis, pommes de terre et panais sont bien sûr des « Racines ». Salades et choux sont des « Feuilles ». Mais tomates, courges, haricots, pois et aubergines sont des « Fruits », au même titre que les fraises, les cerises... ainsi que toutes les céréales. Quant au chou-fleur, c'est à la fois un « légume-Feuille », pour les semis, et un « légume-fleur », pour la récolte. Les parties aériennes des plantes médicinales sont des « Fleurs », même si ce sont des feuilles. Quand il s'agit de récolter l'aubier (seconde écorce) ou l'écorce, on considère que ce sont des « Racines ». Bien sûr, les racines de fenouil, d'angélique ou de bardane se récoltent en jours « Racines ». Les bulbes à fleurs (jacinthes, tulipes, crocus, etc.) sont traités comme des « Fleurs ».

JOURS « FEUILLES », PLUS SENSIBLES

Petite nuance à la règle qui vient d'être énoncée : méfiez-vous des jours « Feuilles », qui concentrent l'humidité dans les racines ou les fruits et produisent plus facilement pourriture et maladies fongiques. Par conséquent, si la terre est trop mouillée et le temps pluvieux, évitez les jours « Feuilles » pour les semis, même de « légumes-Feuilles » ainsi que pour les récoltes, surtout des fruits et des tubercules.

LUNE CROISSANTE AU JARDIN

Les plantes, durant la phase croissante, poussent plus vite et sont plus résistantes aux insectes et aux maladies. Les paysans expliquent que cette vigueur est proportionnelle à la lumière de la Lune. Un peu comme si les plantes « s'extériorisaient » : elles sont plus belles et se conservent mieux une fois récoltées.

Au potager

- Ramassez les légumes et les fruits (fraises, tomates…).
- Les plantes potagères à fruits (melon, concombre, tomate, fraisier…) peuvent être semées aussi bien en Lune croissante (juste après le premier quartier) qu'en Lune décroissante.
- Semez les céréales entre 4 et 2 jours avant la pleine lune.
- Plantez l'ail au dernier quartier de lune. Un dicton affirme aussi : « Plante l'ail rond à la pleine lune de mars ! » Parfois la pleine lune de mars est défavorable, il vaut mieux attendre 2 ou 3 jours plus tard, de préférence un jour « racines ».
- La cueillette des plantes médicinales (feuilles, fleurs, fruits, graines et tiges) est préférable en lune croissante, sauf pour les plantes dépuratives, qui seront ramassées en lune décroissante.

• Apportez les engrais liquides (purin d'ortie, de consoude ou de sureau) pendant le premier quartier. Évitez les traitements phytosanitaires, même naturels comme le purin d'ortie, dans les 5 jours qui précèdent la pleine lune (dernier quartier).
• Semez les salades à l'automne en période croissante et en été en période décroissante.

Au verger

• Plantez les arbres fruitiers et les arbustes (dont la vigne) dans le premier quartier de préférence.
• Jetez ou brûlez toutes les feuilles et plantes malades ou infestées. Surtout ne les intégrez pas au compost.
• Procédez aux élagages de printemps pendant le premier quartier.
• Récoltez framboises, cerises, abricots, prunes, pêches ainsi que les fruits à pépins en associant la lune descendante. Ils se conserveront mieux. Si vous voulez faire des confitures, préférez la lune décroissante (voir plus loin).

Travail du sol

• Pour amender le sol, apportez le compost en petites quantités. Bêchez en surface.
• Naguère, les bûcherons sciaient les arbres en phase croissante pour le bois de menuiserie, d'intérieur ou de sculpture, car il se fend moins et résiste moins au tranchant des outils (en revanche, il était interdit de couper le bois de charpente à la nouvelle lune ou en lune croissante).

Fleurs et pelouses

• Rempotez les plantes d'extérieur.
• Traitez les plantes malades. Épandez de l'engrais à partir du second quartier, surtout pour les sols pauvres et secs.

• Cueillez les champignons qui sortent un peu avant le premier quartier.
• Cueillez les fleurs pour les mettre en vase.
• Procédez aux applications d'engrais foliaires (purin d'ortie ou de prêle) plutôt le soir.

PLEINE LUNE

• C'est souvent le moment idéal pour récolter les semences, bulbes, tubercules. Mais ce n'est pas toujours possible (fructification incomplète, météo…). Si vous pouvez cumuler lune descendante et pleine lune, tant mieux. Sinon, tenez-vous-en à la lune descendante, jours «Fruits», pour les tubercules et à la lune montante pour les graines.
• Arrosez au pied des plantes, la veille et le jour de la pleine lune, à partir de mai.
• Certaines pleines lunes sont plus risquées que d'autres, en partie à cause de la configuration avec les autres planètes, qui peuvent amplifier l'influence de notre satellite (bonne ou mauvaise) ou de sa plus grande proximité.

LUNE DÉCROISSANTE AU JARDIN

Quand la lumière de la Lune faiblit, les plantes se referment sur elles-mêmes, comme si elles «s'intériorisaient»: elles sont plus fragiles, se conservent moins bien, mais dégagent plus de parfum et de saveur. En règle générale, on sème en fin de lune décroissante (dernier quartier).

Au potager

• Semez et plantez les «Racines», «Fruits» et «Fleurs» dont vous voulez concentrer les saveurs: bulbes, tubercules, pois, haricots, ail ou persil qui risquent de monter en graine…

• Récoltez tout ce qui pousse sous la terre, en privilégiant les jours « Fruits ».

• Semez les salades en été en lune décroissante, et en automne préférez la lune croissante.

• Récoltez les fruits dont vous voulez faire des confitures (tomates, fraises…).

• Dégermez les pommes de terre.

Au verger

• Les confitures se font en lune décroissante : le sucre remonte moins. On cueille donc cerises, fraises, groseilles en lune décroissante. En revanche, si vous voulez les manger immédiatement, préférez la lune croissante.

• Mettez le vin en bouteilles.

Travail du sol et du bois

• Labourez, bêchez, ratissez à partir du dernier quartier en Lune décroissante et montante si cela n'a pas été possible plus tôt en lune descendante.

• Procédez aux élagages d'hiver.

• Coupez les arbres destinés à la charpente des maisons et des bateaux et aux bois d'extérieur (palissades, protection des murs, granges…). Si possible, conjuguez avec la lune descendante. Pour les résineux, le choix se rétrécit encore puisqu'il faut préférer, en plus, les jours « Feuilles » et « Fruits ».

Fleurs et pelouses

• Coupez le foin destiné à l'alimentation des animaux en hiver.

• Semez les pelouses en jours « Feuilles ».

• Tondez le gazon : il repousse plus dru et moins vite.

Vendanges

On vendange de préférence en lune décroissante. La vendange à la main s'effectue au jour près lorsque la maturité phénolique est atteinte (voir aussi chapitre 5). Celle-ci est définie à la suite des prélèvements qui montrent son évolution dans les 15 jours qui précèdent. Les vendanges durent, selon les exploitations, entre 8 et 10 jours. Durant cette période, on passe forcément par les 4 étapes : fruits, racines, fleurs, feuilles. Entre la floraison et la vendange, on compte entre 85 et 100 jours. (Plus de précisions pages suivantes).

LUNE MONTANTE

La lune montante ↗ aurait surtout une action sur les parties aériennes des plantes. En lune montante, tout germe mieux, tout pousse mieux, à condition de réguler avec la lune décroissante.

Au potager

- Semez fleurs et plantes potagères à feuilles (si la lune est aussi décroissante), de préférence le matin.
- Évitez tout repiquage.
- Récoltez tout ce qui pousse au-dessus de la terre, même les légumes à feuilles, en privilégiant les jours « Fruits » ou « Fleurs » et en évitant les jours « Feuilles », sinon les récoltes se conservent moins bien.
- Récoltez graines et semences en jours « Fruits ».

Au verger

- Ne taillez que les arbres dont vous voulez des rejets.
- Ne taillez pas les arbres fruitiers, sauf s'il s'agit d'une taille de formation pour les arbres de moins de 3 ans.

• Déplantez les arbres en fin de lune montante pour les repiquer en début de lune descendante. Essayez pour votre sapin de Noël, vous verrez, cela marche à tous les coups !

• En lune montante, prélevez des greffons pleins de vigueur. Mettez en jauge et procédez à la greffe – jusqu'à 2 mois plus tard – en lune descendante, de préférence en jours « Fruits ».

– Placez les greffons dans le bas du réfrigérateur après avoir entouré la coupe de papier journal pour éviter l'humidité.

– Enterrez les greffons dans un trou rempli d'un mélange de sable et de terreau.

Vignes

• Vendanges pour les vins légers et fruités : évitez les jours « Feuilles » et privilégiez les jours « Fruits ». Pour les vins primeurs, les vendanges auront avantage à commencer en jours « Fleurs ». Dans tous les cas de figure, suivez attentivement les conseils donnés dans le calendrier.

Travail du sol et du bois

• Captez une source, en associant si possible avec le premier quartier.

• Coupez le bois de palissage (ou les piquets) : il sera plus souple, plus dur et ne pourrira pas. Le résultat sera encore meilleur si vous conjuguez avec le dernier quartier (avant la nouvelle lune). Mettez en place palissades ou piquets en jours « Fruits ».

• Taillez les haies pour qu'elles poussent plus dru.

Fleurs et pelouses

Le chaume de paille ou de roseau coupé à cette époque durera plus longtemps.

LUNE DESCENDANTE

Au potager

• La sève retourne aux racines. Il faut en profiter pour procéder aux repiquages (de préférence le soir).

• Plantez les tubercules en jours « Racines ».

• Récoltez tout ce qui pousse sous la terre, en privilégiant les jours « Fruits ». C'est encore mieux si vous pouvez associer la lune décroissante.

• En automne ou en hiver, pour une bonne reprise des racines, plantez en lune descendante en jour « Fruits ». Évitez de cumuler lune décroissante et lune descendante. En novembre, préférez un jour « Fruits » aux alentours de la Sainte-Catherine.

Au verger

• Taillez les arbres fruitiers en jours « Fruits ».

• Greffez (après avoir prélevé en lune montante).

• Vendanges pour les vins de caractère : évitez les jours « Feuilles ». Le rendement sera moins fort, mais le vin se gardera mieux. Selon les nuances et la personnalité de votre vin, préférez les jours « Racines » pour les rouges profonds, « Fruits » pour les arômes de sous-bois, « Fleurs » si vous voulez développer le bouquet.

Travail du sol et du bois

• Traitez les sols trop calcaires ou mal drainés avant de les travailler (de préférence en automne). Amendez les sols sablonneux.

• Travaillez la terre : labour, binage, repiquage, rempotage… notamment en vue de la plantation des fleurs ou des légumes.

L'idéal est de pouvoir conjuguer lune descendante et croissante si le temps est sec, et décroissante si le sol est lourd.
• Coupez le bois de chauffage dans le premier quartier.

Fleurs et pelouses

• Semez les pelouses en jours « Feuilles ».
• Rempotez les plantes d'intérieur en jours « Feuilles » ou sous serre en jours « Fleurs ».
• Rempotez les plantes à fleurs et les aromates en jours « Fleurs » ou « Fruits », jamais en jours « Feuilles ».
• Cueillez les plantes à sécher, et donc celles que vous destinez à une utilisation médicinale.
• Tondez la pelouse : les racines s'enfonceront mieux et le gazon sera plus long à repousser.

LA LUNE ROUSSE

Contesté par les scientifiques qui n'ont pas de jardin, ce phénomène est facilement expliqué par les jardiniers qui s'intéressent à la science. Il s'agit d'échanges thermiques entre le jour et la nuit, pouvant provoquer des gelées blanches. Cela se passe au moment de la pleine lune aux alentours de Pâques. Les solutions : ne pas arroser à cette période et couvrir les plantes les plus fragiles. Ma délicate pivoine, qui souffrait chaque année à la lune rousse, est devenue un buisson dès la première année où, chaque soir, je l'ai protégée des nuits fraîches d'avril.

PÉRIGÉE, ÉCLIPSES

Les jardiniers préfèrent éviter les travaux de semis, de greffage ou de repiquage les 2 jours qui précèdent ou suivent un périgée, c'est-à-dire quand la Lune est proche de la Terre :

les tubercules deviendraient plus facilement véreux et la germination serait plus difficile. Ne plantez pas les arbres et ne les taillez pas. Même précaution avec les éclipses.

4
MOIS PAR MOIS, LES TRAVAUX DU JARDIN

JANVIER

Au verger

- Supprimez les fruits momifiés, les rameaux sur les troncs, les bois suspects sur les arbres fruitiers à noyaux, le gui, le lierre dans les branches…
- Commencez les traitements contre la cloque du pêcher: purin d'ortie, décoction de prêle, bouillie bordelaise.
- Prélevez les greffons de variétés intéressantes pour greffer en fente les pommiers ou poiriers en mars ou en avril, ou pour les surgreffer en avril-mai.

Labourer

- Travaillez le sol: n'oubliez pas que l'herbe au pied des arbres favorise la gelée; ce peut être l'occasion d'enfouir superficiellement (10 cm) un engrais vert; sa décomposition se fera lentement par temps froid et permettra de fournir un peu d'azote au démarrage de la végétation.

Récolter

- Choux, chicorées, endives, fenouils, topinambours, panais.

Planter et semer

- Arbustes, rosiers et arbres fruitiers, s'il ne gèle pas.
- Pois, carottes, radis, poireaux.

Jardins d'agrément et terrasses

- Vérifiez le drainage sous les pots et les massifs.
- Commencez l'installation des bulbes et rhizomes d'été.

FÉVRIER

Planter et semer

- Si le temps est froid et le sol détrempé, mieux vaut attendre un peu pour semer.
- Plantez arbustes et arbres fruitiers ou forestiers, s'il ne gèle pas; ails, oignons, échalotes.
- En pleine terre: pois, fèves.
- Sous abri: carottes, céleri, choux-fleurs, choux hâtifs, laitue, cerfeuil, basilic, ciboulette, radis, poireaux.

Autres travaux

- Retravaillez le sol pour l'aérer. Laissez agir le gel, qui désagrège les particules de terre.
- Élaguez les arbres ayant trop d'ampleur; taillez les rosiers buissons remontants en supprimant le bois mort: coupez en biais 1 cm au-dessus d'un bourgeon (ou œil) orienté vers l'extérieur.
- Faites des apports de fumier ou de compost.

MARS

Au verger

• Derniers coups de sécateur pour les arbres fruitiers à pépins. Pour les groseilliers et la vigne, il ne faut plus tarder. Sous les climats doux (littoral), taillez les pêchers en supprimant les rameaux qui ont fructifié l'an dernier et en gardant les rameaux porteurs de bourgeons à fleurs et à fruits. Vous taillerez ces rameaux dits « mixtes » en laissant 3 ou 4 bourgeons à fleurs (rose) pour 1 bourgeon à bois. Coupez toujours l'extrémité au-dessus d'un bourgeon à bois.

Traiter

• Limitez la cloque du pêcher avec du purin d'ortie à 5 % et des algues calcaires à 2 % tous les 10 jours, ou une décoction de prêle tous les 3 jours. Pour plus de sécurité, semez des capucines au pied des pêchers. Pour la moniliose, semez du raifort au pied des arbres. Menez une action préventive avec un mélange de plantes moulues, d'algues, de broyats de roches, de soufre ; par temps froid, complétez avec du cuivre. Dans tous les cas, appliquez de la bouillie bordelaise au moment du gonflement des bourgeons pour lutter contre la tavelure, la rouille, le coryneum.

Planter et semer

• Pommes de terre précoces : elles échappent mieux aux dégâts de larves de taupins et aux limaces (charlotte, belle de Fontenay, amandine...).

• Artichauts, laitues, oignons, échalotes.

• En pleine terre, semez sous tunnel : pois, oignons de couleur, épinards d'été, lentilles, salsifis, betteraves potagères, carottes, navets, bettes, laitues, radis.

• En couche chaude ou froide : impatiens annuelles, ageratums, œillets, géraniums, cosmos, juliennes, pois de senteur ; courges, potirons pour commencer ; en fin de mois, poivrons, aubergines et tomates.

Jardins d'agrément et terrasses

• Taillez arbustes à floraison estivale, rosiers buissons remontants et lavandes. Ne taillez pas les clématites à floraison estivale à petites fleurs.

• Pelouses : scarifiez pour aérer ; mieux vaut terreauter qu'apporter de l'engrais en début de printemps.

• Divisez les souches de vivaces (cognassiers du Japon et yuccas, rudbeckias, phlox, asters, pieds-d'alouette...). Tout éclat doit posséder quelques racines.

AVRIL

Repiquer

• Sur couche : céleris-raves, céleris à côtes, chicorées frisées, scaroles.

Planter et semer

• Plantez les pommes de terre assez tôt si la situation est séchante (terrain ou climat).

• Lorsque vous repiquerez (à deux reprises) le céleri-rave que vous avez semé, coupez l'extrémité du pivot (racine centrale), le chevelu racinaire se développera mieux.

• Ne plantez pas les choux de Bruxelles sur un terrain trop fertile ou riche en fumier, car ils ne formeraient pas de pommes mais des rejets.

• Sur couche, en pépinière : chicorées, scaroles, laitues, céleris, poireaux, cardons.

• Basilic, piments, tomates, concombres, courges, potirons, aubergines : utilisez des godets que vous placerez ensuite sur couche afin de faciliter leur mise en place. Procédez de même pour les pastèques et melons, mais sur couche chaude à 20-25°C.

• En pleine terre : oignons paille, choux d'automne, choux de Bruxelles, salsifis, pois, laitue, poireaux, épinards, persil, cerfeuil, thym.

Jardins d'agrément et terrasses

• Les plantations de rosiers doivent être terminées avant le 15.

• Attendez la fin du mois pour planter en bacs et pots les espèces qui nécessitent un tuteur.

• Semis des plantes rustiques en godets.

• Rempotez et/ou pincez les tiges de chrysanthèmes pour obtenir des fleurs plus grosses fin juin.

• Vérifiez le drainage sous les pots et les massifs.

• Commencez l'installation des bulbes et rhizomes d'été.

Autres travaux

• Aérez les végétaux plantés ou semés sur couche pour les préparer progressivement à la transplantation.

• Arrosez les laitues et affaiblissez-les en réduisant leurs racines avec une bêche pour qu'elles ne montent pas.

• En fin de mois, supprimez les châssis, sauf pour certains plants qui restent fragiles comme les concombres, melons, aubergines, piments ; protégez-les aussi du Soleil en passant les vitres au blanc d'Espagne.

• Semez les plantes nécessaires à la lutte phytosanitaire (capucines, soucis, tanaisies) ou plantez-les aux bons endroits.

• La mouche peut commettre des dégâts sur l'oignon : pour limiter le risque, évitez les zones d'épandage de fumier frais ; semez et plantez tardivement en association avec des carottes, puis pulvérisez au printemps en période de ponte, tous les 8 jours, une décoction de feuilles de tanaisies.

MAI

Mauvaises herbes

• Faites vos semis de fleurs et de légumes en barquettes avec repiquages denses pour occuper le terrain (cela peut aussi compenser les pertes dues aux parasites). Ou bien faites des semis en mélange d'espèces à récolte ou floraison décalées, la couverture du sol étant alors maximale : ainsi les radis sont de précieux auxiliaires qui peuvent être semés en place en mélange avec certaines fleurs (cosmos, œillets d'Inde, reines-marguerites…), mais aussi carottes, poireaux, salades, oignons… !

Parasites

• Pour éviter l'envahissement : fertilisez modérément, aérez les plantations, associez les végétaux et commencez les pulvérisations de purin d'ortie ou de prêle.

• Escargots et limaces : disposez entre les rangs de cultures des cendres, de la bière ou un sac humidifié abritant quelques restes de carottes et de choux le soir. Le lendemain, il suffit de ramasser les mollusques pris au piège pour les détruire. Les peaux de pamplemousses sont aussi très efficaces, à condition de les enlever !

• Posez les bandes de glu autour des troncs des arbres fruitiers.

Planter et semer

- Artichauts, brocolis, pommes de terre, topinambours…
- Betteraves, carottes, céleris, choux, salades, melons, engrais verts (moutarde), persil, poireaux, pois, radis, salsifis, concombres, tomates…

Jardins d'agrément et terrasses

- Ne laissez pas grandir trop vite vos haies, elles risquent de se dégarnir au pied ; soyez d'autant plus sévère que vos arbustes ne sont pas formés.
- Taillez la glycine en début de mois : réduisez les rameaux en partant des branches charpentières au-dessus de 2 ou 3 bourgeons bien gonflés.
- Tuteurez, attachez les plantes vivaces et arbustes, arrosez plus, pincez les chrysanthèmes pour obtenir de plus grosses fleurs, mettez en terre les glaïeuls, dahlias, cannas.

JUIN

- Suivez plus que jamais le calendrier lunaire : jours « Fruits » pour tout ce qui est arbres fruitiers, fruits et légumes à fruits (melons, courges, tomates, etc.) ; jours « Racines » pour les tubercules et autres racines (panais, carottes, céleris) ; jours « Fleurs » pour toutes les parties aériennes. Quant aux jours « Feuilles », il faut s'en méfier en juin et ne les garder que pour l'entretien de la pelouse ou les travaux de nettoyage. À choisir, les légumes à feuilles (salades, choux, poireaux, etc.) préfèrent les jours « Fleurs ». Statistiquement, les jours « Feuilles » sont souvent pluvieux, ce qui n'encourage pas le jardinier à mettre un sabot dehors.

Au verger

- Attendez que les chutes physiologiques de juin soient terminées pour éclaircir pommiers et poiriers ; cette opération permet d'obtenir de plus gros fruits et diminue le risque d'alternance d'une année à l'autre.
- Dès le grossissement des fruits, arrosez copieusement : les arbres fruitiers sont gourmands en eau, même si cela ne se manifeste pas directement au niveau du feuillage.

Planter, repiquer et semer

- Plantez les melons pollinisés sous abri.
- Repiquez choux, laitues, poireaux, céleris.
- Semez salades, radis, choux, navets, pois, haricots, oignons, betteraves rouges, bettes, fenouil, panais, épinards d'été, pissenlits, carottes d'hiver.
- Semis possibles de navets « Blancs des Halles » ou « Marteau ».

Jardins d'agrément et terrasses

- Baissez la barre de coupe de la tondeuse : l'herbe ramassée pourra servir à pailler les massifs, méthode économique pour contrer les mauvaises herbes.
- Taillez tous les arbustes à floraison printanière incluant les prunus, ornementaux ou non.
- Éliminez les fleurs fanées des rosiers et des plantes précoces.
- Récoltez les graines.
- Pincez les extrémités des plantes à repiquer, dahlias, chrysanthèmes, asters pour obtenir de grosses fleurs.
- Couchez certaines branches pour les marcotter (azalées, rhododendrons, après avoir enlevé les inflorescences fanées).

Autres travaux

• Pincez melons, aubergines, poivrons et tomates pour favoriser le grossissement des fruits ; n'hésitez pas à éclaircir ; tuteurez et paillez.
• Supprimez les vieilles feuilles des fraisiers pour favoriser la pénétration de la lumière et le renouvellement du feuillage.

JUILLET-AOÛT

Planter et semer

• Repiquez choux, poireaux et autres légumes, mais le soir et en réduisant la surface des feuilles pour limiter les pertes en eau et faciliter la reprise.
• Semis possibles de bettes à cordes jusqu'à la fin du mois.

Jardins d'agrément et terrasses

• Taillez les rosiers non remontants, anciens ou grimpants, divisez les pivoines et iris ; pour éviter un creux dans la floraison, prévoyez de planter des plants fleuris.
• Pincez les plants pour les rendre plus compacts (plantes aromatiques, de bordures ou asters d'automne).
• Remplacez les fleurs en bac au fur et à mesure qu'elles défleurissent.
• Retirez les bulbes au feuillage jauni et commandez-en pour les floraisons de printemps.
• En zone méditerranéenne, plantez les anémones pour une floraison d'hiver ainsi que les colchiques et les crocus.

Autres travaux

• Taillez les tomates, effectuez l'ébourgeonnage des melons, potirons, courges diverses.

• Ensachez les fruits pour les protéger, taillez les actinidias (kiwis) 4 feuilles au-dessus du premier bouquet de fleurs, pincez les pommiers et poiriers trop vigoureux.

SEPTEMBRE

Récolter

• Salades, haricots à grains, poireaux, carottes, maïs doux.

• En ramassant les aubergines, tomates, concombres, courgettes et melons, supprimez les fleurs en formation de façon que la sève alimente uniquement les fruits ou les légumes.

• Récoltez fleurs, légumes et fruits au fur et à mesure de leur maturité.

• Pour les récoltes tardives, protégez les pieds de tomates, poivrons, aubergines par des tuiles. Évitez à vos courgettes, melons, coloquintes et autres cucurbitacées le contact avec l'humidité du sol.

• Favorisez le grossissement des céleris-raves en supprimant à la base la couronne de feuilles extérieures et les radicelles situées au-dessus du sol, et arrosez régulièrement.

Repiquer et semer

• Le repiquage des choux, salades, fraisiers… se fait en soirée avec un copieux arrosage pour éviter les fortes chaleurs.

• Semez les laitues et radis d'hiver, navets, oignons blancs peuvent se faire entre les rangs des cultures en fin de cycle ; cela les protège au démarrage. Rapprochez les cultures qui devront être couvertes par un voile d'hivernage, cela vous facilitera le travail.

Jardins d'agrément et terrasses

• Pelouse : débarrassez-vous des mousses en tondant très ras plusieurs fois de suite par journées chaudes, les racines des mousses, superficielles, n'y résisteront pas. La pelouse risque de souffrir un peu mais, après avoir terreauté avec du terreau ajouté à de la chaux en poudre, vous arroserez pour la faire redémarrer.

• Éliminez au fur et à mesure les fleurs fanées pour prolonger la floraison tout en pensant à vos graines pour l'an prochain.

• Divisez les vivaces : iris, géraniums, œillets de bordures…

• Marcottez les rhododendrons, le chèvrefeuille et tous les arbustes à floraison estivale.

• Repiquez certaines vivaces ou bisannuelles (campanules, giroflées, asters…) et plantez les bulbes pour une floraison printanière.

• Plus les vivaces occupent le terrain, moins elles laissent de place aux mauvaises herbes, limitant ainsi le fastidieux désherbage de printemps.

• Bouturez les racines charnues (pavots, chardons) : les fragments de racines prélevés seront mis en pots dans du terreau et dans un endroit assez abrité.

Autres travaux

• Dégagez les feuilles qui font de l'ombre aux grappes de raisin.

• Surveillez les branches trop chargées et éliminez les fruits abîmés.

• Taillez et nettoyez les cassis, framboisiers non remontants, mûriers.

• Vérifiez toutes les installations électriques extérieures avant que le mauvais temps ne s'installe et faites de même avec les systèmes d'arrosage enterrés.

OCTOBRE

Récolter

• Les derniers fruits (pommes, poires, kakis, raisins) et les légumes (carottes, brocolis, épinards, choux-fleurs, courges, rutabagas…) avant les premières gelées.

Planter et semer

• Bulbes et oignons pour la floraison de printemps ; choisissez un sol bien drainé ne contenant pas de fumier frais ni de matière organique mal décomposée ; mettez les oignons dans un trou dont la profondeur correspond à 3 fois leur diamètre environ.

• Semez quelques légumes résistant au froid, pois précoces, salades d'hiver sous cloche, ou bien encore des fleurs annuelles ou vivaces.

Jardins d'agrément et terrasses

• Détachez les marcottes de l'année précédente pour les rempoter (rhododendrons, jasmins, clématites…). Prélevez des boutures sur les pousses nouvellement lignifiées. Divisez les vivaces pour leur donner du tonus.

• Éclaircissement sévère des plantes immergées.

• Mettez en place les plantes alpines. Si vous attendez trop, les petites racines risquent de pâtir du gel.

• Enterrez le thym en ne laissant dépasser que l'extrémité de ses rameaux, au printemps il n'en sera que plus vigoureux.

Autres travaux

• Nettoyage radical du jardin pour évacuer tout foyer de contamination : bois, feuilles, fruits malades doivent être brûlés, le reste va au compost.

NOVEMBRE

Bichonner les fleurs

• Plus les vivaces occupent le terrain, moins elles laissent de place aux mauvaises herbes, limitant ainsi le fastidieux désherbage de printemps.
• Bouturez les racines charnues (pavots, chardons) : les fragments de racines prélevés seront mis en pots dans du terreau et dans un endroit assez abrité.

Au verger

• Ne taillez pas les arbres fruitiers à noyau. Des écoulements de sève ou la présence de gommose sont les signes d'une bactériose ; il n'existe pas d'autre moyen de lutter contre elle que de couper et de brûler tout ce qui est malade. Ensuite, traitez au cuivre plusieurs fois car la cicatrice de la feuille sur le rameau est la porte d'entrée pour la bactérie.
• Pour les arbres fruitiers à pépins, la priorité reste le ramassage de tous les fruits qui contiennent des vers et, en cas de tavelure, toutes les feuilles tombées : brûlez tout.

Planter et semer

• Aulx, choux, endives, oignons.
• Carottes, fèves.

Autres travaux

- Gazon : la mousse signale que votre terrain est acide, il faut apporter de la chaux en fin d'automne ou de printemps.
- Traitez les arbres au cuivre en fin de chute des feuilles.
- Ramassez tous les déchets végétaux sains pour les ajouter au compost.
- Nettoyez le potager. Paillez la rhubarbe et les artichauts ; apportez du compost ou un fumier très pailleux.
- Stockez les bulbes à floraison estivale dans un endroit ventilé (grenier ou cave), suspendus dans des filets à mandarines, par exemple.

DÉCEMBRE

Tailler les arbustes

- Nettoyez les haies à feuillage caduc pour les régénérer ; éliminez les vieilles branches faiblement ramifiées ; supprimez également les rameaux qui empêchent la lumière de pénétrer. Cette taille d'élagage doit respecter cependant la forme choisie, il ne faut pas la confondre avec la taille d'entretien qui assure la floraison.

Récolter

- Topinambours jusqu'en avril, kiwis (qui, placés dans un fruitier bien frais, seront consommables jusqu'en février), chicorées sauvages, choux, endives, épinards, fenouils, mâches, poireaux…

Planter et semer

- Échalotes grises, haies, arbres…
- Navets sur couche en place.

Autres travaux

- Blanchissez les pissenlits en les recouvrant de terre.
- Enfouissez les engrais verts.
- Les limaces sont nuisibles même en hiver; (je connais peu de jardiniers mêmes vegan qui consentent à partager leur potager avec ces mollusques !) N'hésitez pas à les piéger avec un sac humide, de la bière, de la sciure et de la cendre ou bien encore des peaux de pamplemousses.
- Nettoyez les plantes d'intérieur ou les cactées infestées de cochenilles avec un coton imbibé d'alcool à 60°, de vinaigre ou de bière.

Des plantes pour chaque affection

Votre choix se portera sur les plus faciles à trouver, les plus agréables à boire en tisane ou les plus faciles à préparer. En général, les plantes médicinales sont plus efficaces sèches que fraîches car les principes phytochimiques se révèlent et se concentrent à la dessiccation. Il faut donc les cueillir et les laisser sécher à l'ombre.

Céphalées, maux de tête : camomille, lavande…

Circulation : hamamélis, vigne rouge, ail…

Dépression : millepertuis, gentiane…

Diabète : chou, radis noir, artichaut, feuille d'olivier, ortie…

Digestion : chou, radis noir, romarin, menthe…

Hypertension : feuille d'olivier, ail, petite pervenche…

Infections urinaires : queues de cerises, aubier de tilleul…

Libido féminine : sauge, angélique, ortie…

Libido masculine : romarin, ortie…

Mémoire : ginkgo biloba, petite pervenche…

Ménopause : trèfle, luzerne, sauge…

Migraine : partenelle, lavande, Cimicifuga…

Peau : bardane, pensée sauvage, carotte…

Reminéralisant : prêle, bambou, ortie…

Rhumatismes : saule, zeste de citron…

Sommeil : aubépine, tilleul, passiflore, valériane…

Stress : aubépine, passiflore…

Vue : myrtille…

5
LES PLANTATIONS À LA BONNE LUNE, AU BON ENDROIT

Protégez la carotte de la mouche avec des poireaux et des oignons ; le chou de la piéride avec du chanvre, de l'absinthe, des tomates et de la menthe ; cette dernière est efficace contre les pucerons en général, et spécialement pour les radis ou autres crucifères. À noter que la rouille élit volontiers domicile sur le feuillage de la menthe : ne vous en inquiétez pas, elle n'ira pas ailleurs. La tomate pourra être associée au basilic, qui la protège et améliore son goût…

ACCÉLÉRER LA CROISSANCE

Les chercheurs pensent que les excreta racinaires (substances qui sont produites par les racines de certaines plantes) ou que les bactéries associées aux racines (c'est le cas surtout pour les légumineuses qui enrichissent le sol en azote) activent la croissance d'autres végétaux cultivés à proximité. Ainsi, la culture de tomates est stimulée par la présence d'oignons, de carottes, d'asperges, de persil, de choux; celle d'aubergines par les soucis, les haricots; celle de carottes par les poireaux, les radis, les pois, la ciboulette, le cerfeuil.

DE *A* COMME *ABRICOTIER* À *Z* COMME *ZINNIA*

Abricotier

Plantez en lune descendante ou décroissante. Récoltez en lune croissante (sauf pour les confitures). Taillez légèrement en lune descendante.

Ail, échalote, oignon

Plantez-les loin des asperges, des soucis, des pois et des haricots, mais à proximité des fraisiers et des tomates. N'arrosez pas. Plantez, aux alentours de la pleine lune, uniquement des semences avec le label AB (Agriculture Biologique). Récoltez en lune décroissante, en jours « Racines ».

Asperge

Plantez loin des aulx et des crucifères (moutarde, choux...), mais à proximité des poireaux, des tomates, des pommes de terre, du persil et des cucurbitacées. Repiquez et plantez en lune croissante. Les asperges surgissant sans prévenir, récoltez si possible en jours « Racines ».

Aubergine

Semez (en godets sous châssis à partir de fin février) en lune décroissante, dernier quartier. Repiquez (plants de 0,30 à 0,40 m) et plantez en lune croissante, loin des betteraves, mais près des soucis. Taillez et récoltez en lune décroissante et jours « Fruits ».

Betterave

Plantez loin des asperges, des tomates et des épinards, mais à proximité de l'aneth, des oignons, des choux, des salades et de la sarriette. Semez en lune décroissante. Récoltez en lune décroissante et jours « Racines » ou « Fruits ».

Capucine

Plantez ou semez loin des courgettes et des courges, mais à proximité des pommes de terre.

Carotte

Semez loin des betteraves et de la menthe, mais à proximité de l'ail, de la ciboulette, du cerfeuil et des choux, puis des radis, des tomates, des salades, des poireaux et des pommes de terre. Semez en lune croissante (premier quartier si possible). Récoltez en lune descendante et jours « Racines » ou « Fruits ».

Céleri

Semez ou plantez loin des salades, du maïs, des céréales et du persil, mais à proximité des crucifères et des cucurbitacées. Semez en lune montante et croissante. Récoltez en lune décroissante jours « Fleurs » pour favoriser le goût. Récoltez les céleris-raves en jours « Fruits » pour favoriser la conservation.

Cerfeuil

Semez loin des choux et des betteraves et à proximité des carottes ou des tomates en lune décroissante et jours « Feuilles ».

Cerisier

Plantez et taillez en lune descendante et si possible croissante (l'inverse est aussi valable). Prélevez les greffons en lune montante et greffez en lune descendante. Récoltez en jours « Fruits » et selon l'utilisation des cerises (confitures en lune décroissante).

Chicorée

Semez en lune décroissante, loin des choux. Repiquez en lune décroissante, jours « Feuilles ». Récoltez en lune croissante et jours « Fruits ».

Chou

Semez et plantez loin des aulx, fenouils, poireaux, radis ou d'autres crucifères, mais à proximité des céleris, pois, bourraches, salades, tomates, épinards, de la menthe, des pommes de terre. Ne plantez jamais des choux (ou d'autres crucifères) deux années de suite sur la même parcelle. Semez en lune décroissante. Repiquez en lune croissante, jours « Feuilles ». Récoltez en lune décroissante et jours « Fruits » ou « Fleurs ».

Concombre, cornichon, courge, courgette

Semez loin des pommes de terre, radis, tomates, mais à proximité du basilic, des céleris, choux, fenouils, haricots, laitues, oignons, asperges, de la ciboulette, du maïs et de l'aneth. Semez et pincez en lune décroissante ou un soir de pleine lune. Récoltez en jours « Fruits ». Cueillez en prélevant un peu du pédoncule.

Crocus

Plantez en lune montante, en jours « Fleurs ». Avant d'introduire les bulbes, versez quelques gouttes d'huile de ricin dans le fond du trou pour éloigner les rongeurs.

Dahlia

Plantez en lune montante et jours « Fleurs ». Cueillez en jours « Fleurs » et phase croissante. Arrachez en lune descendante, en jours « Racines ».

Épinard

Plantez à proximité des crucifères, des fraisiers, des haricots, des pois, des radis, des salades, des tomates… Semez en lune montante (et si possible décroissante) en jours « Feuilles ». Éclaircissez en lune descendante. Récoltez en lune descendante et jours « Fruits ». Les épinards sont gourmands et épuisent le sol : ne les cultivez qu'en saison froide.

Fenouil

Plantez loin des crucifères, mais à proximité des céleris et des poireaux. Semez en lune décroissante, en jours « Feuilles ». Récoltez en lune décroissante et jours « Fruits ».

Fraisier

Plantez loin des crucifères, mais à proximité des ails, des poireaux, du thym, des épinards, des haricots. Plantez de préférence en lune descendante. Récoltez si possible en lune décroissante et jours « Fruits ». Évitez toute intervention dans les jours autour des pleines lunes et des nouvelles lunes.

Framboisier, cassissier, groseillier

Plantez et taillez en lune descendante. Récoltez en lune décroissante et jours « Fruits ». Prélevez les boutures sur le bois de l'année, à l'automne, en dernière semaine de lune montante. Laissez-les tremper dans un seau d'eau jusqu'à la lune descendante et enterrez-les, en les serrant en bottes et en les inclinant. Replantez au printemps, en lune descendante et croissante, en jours « Fruits » ou « Feuilles ».

Fuchsia

Plantez et pincez en lune montante (et si possible décroissante) en jours « Fleurs ».

Géranium, pélargonium

Plantez et pincez en lune montante (et si possible décroissante) en jours « Fleurs ». Prélevez les boutures en lune descendante, en jours « Fleurs ».

Giroflée

Semez en lune montante (et si possible décroissante) en jours « Fleurs ». Repiquez et plantez en lune croissante.

Haricot

Plantez loin du fenouil et des tomates, mais à proximité des fraisiers, des aubergines, des carottes, des choux, des pommes de terre. Semez en lune croissante, (premier quartier si possible) en jours « Fruits ». Récoltez en lune montante et jours « Fruits ».

Laitue

Plantez loin du persil et à proximité des épinards, des choux-raves, des haricots, des pois, des radis, des tomates. Semez en lune décroissante en jours « Feuilles » jusqu'à l'été. Ensuite, les semis sont aussi possibles en lune croissante. Récoltez en lune descendante et jours « Fruits ».

Lilas

Plantez et taillez en lune montante, en jours « Fleurs », pour obtenir plus de fleurs et le diriger en arbre buissonnant.

Taillez en lune descendante et en jours «Feuilles», pour le diriger comme un arbre à couronne.

Maïs

Semez en lune montante loin des pommes de terre et des crucifères, mais à proximité des tomates et des cucurbitacées. Récoltez en jours «Fruits».

Melon

Plantez loin des crucifères, mais à proximité des tomates. Semez et pincez en lune montante, en jours «Fruits». Récoltez en lune descendante et jours «Fruits».

Navet

Plantez loin des autres crucifères, mais à proximité des pois, des épinards, des laitues. Semez en lune décroissante en jours «Racines». Repiquez en lune descendante (et si possible croissante), en jours «Feuilles». Récoltez jours «Fruits».

Œillet d'Inde

Semez en lune montante (et si possible décroissante), en jours «Fleurs». Récoltez des graines en lune montante, en jours «Fruits».

Oseille

Semez en lune montante (et si possible décroissante), en jours «Feuilles» (premier quartier si possible).

Pensée

Semez en lune montante (et si possible décroissante), en jours «Fleurs». Repiquez et plantez en lune descendante et croissante.

Persil

Plantez loin des laitues, mais à proximité des choux. Semez en lune décroissante, en jours «Feuilles».

Pétunia

Plantez et pincez en lune montante (et si possible décroissante), en jours «Fleurs». Prélevez les boutures en lune descendante, en jours «Fleurs».

Piment

Semez en godet. Repiquez dès les premières fleurs avec un tuteur. Apportez du compost. Plante gourmande en eau. Récoltez au fur et à mesure.

Poireau

Plantez loin des crucifères, mais à proximité des carottes, des céleris, des épinards, des asperges, des fenouils, des tomates. Semez en lune décroissante, en jours «Racines». Repiquez en lune décroissante, en jours «Feuilles». Récoltez en lune décroissante et jours «Fruits».

Poirier

Plantez, taillez et greffez en lune descendante, en jours «Fruits». Prélevez les greffons en lune montante. Récoltez, en jours «Fruits» et lune croissante (sauf pour les confitures et conserves).

Pois

Plantez loin des ails, des oignons, des poireaux, des fenouils, du persil, mais à proximité des asperges, des céleris, des carottes, des pommes de terre ou des céréales. Semez en lune décroissante, en jours «Fruits» (dernier quartier si possible). Buttez en lune croissante, en jours « Fruits ». Récoltez en lune montante et jours « Fruits ».

Pomme de terre

Plantez loin des aubergines, des tomates, des oignons, des betteraves, des cucurbitacées, des tournesols et des céréales, mais à proximité des capucines, des céleris, des choux, des haricots, des pois, des soucis, des choux-fleurs et des choux pommés. Plantez à la pleine lune ou juste après, en période « Racines ». Mais, pour une meilleure conservation, récoltez en période décroissante, en jours « Fruits ». Dégermez en lune décroissante, si possible en jours « Racines ».

Pommier

Plantez en lune descendante. Prélevez les greffons en lune montante. Greffez en lune descendante et jours « Fruits ». Récoltez en lune décroissante et jours « Fruits ».

Pourpier

Il affectionne les sols secs. Semez en place à 15 cm de distance, cueillez et laissez 2 feuilles pour la repousse.

Prunier

Plantez en lune montante et croissante. Taillez en lune descendante et croissante. Greffez en lune montante. Récoltez en lune montante et décroissante, en jours « Fruits ».

Radis

Semez en lune décroissante, en jours « Racines », loin des autres crucifères (choux, navets, moutardes…), mais à proximité des carottes, du cresson, des salades et du cerfeuil. Récoltez en jours « Fruits ».

Rosier

Plantez en lune montante (et si possible croissante). Taillez en lune descendante et jours « Fleurs ».

Souci

Ses pétales sont délicieux dans les salades et, en décoction, donnent une excellente lotion pour les cheveux et la peau. Le souci est un voisin intéressant pour le chou, la salade et la tomate, car il tue les nématodes. Plantez-le aussi à proximité des pommes de terre et des rosiers, ainsi qu'au pied des arbres fruitiers.

Sureau

Les fleurs ou les feuilles de sureau, mises à macérer dans un seau d'eau pendant une semaine, donnent un purin qui, pulvérisé, est un puissant insecticide et fongicide. Versé au pied des arbustes, il constitue aussi un formidable régénérant et reminéralisant augmentant les récoltes de 10 à 15 %. Plantez en lune montante. Taillez en lune descendante, en jours « Fleurs », pour plus de fleurs.

Tomate

Plantez loin des cucurbitacées, fenouils, haricots, pois, mais à proximité des bourraches, des oignons, des poireaux, des salades, des ails, des choux, des asperges, des carottes, des céleris, des basilics, du persil, de la menthe. En début de saison, arrosez au pied avec une décoction de prêle. Semez en lune décroissante en jours « Fruits » si la terre est particulièrement riche ou équilibrée. Repiquez en lune descendante (et si possible croissante), en jours « Feuilles ». Taillez en lune descendante et jours « Fruits » pour rééquilibrer le rapport feuilles/fruits. Récoltez en jours « Fruits ».

Tulipe

Plantez en lune croissante, en jours « Fleurs ». Cueillez en lune décroissante, en jours « Fleurs ». Si vous déterrez les bulbes, attendez la lune décroissante et les jours « Racines ».

Vigne (voir aussi page suivante)

Plantez en lune croissante. Taillez en lune descendante et croissante (premier quartier si possible). Vendangez les vins primeurs ou légers en jours « Fruits » ou « Fleurs ». Vendangez les vins de caractère en jours « Racines ». Évitez les jours « Feuilles » et préférez une lune décroissante.

Zinnia

D'origine mexicaine, il s'est bien adapté à nos jardins. Rouges, roses ou orange, ses fleurs sont très colorées et brillantes. Plantez et cueillez en jours « Fleurs », en lune décroissante.

Les vignes et les vendanges

La viticulture biologique donne des résultats impressionnants. Peu de maladies. Des grappes plus rares mais plus grosses. La vigne se régule d'elle-même et semble récompenser le vigneron pour ses bons soins avec des traitements à base de purins de plantes (ortie, valériane, etc.).

La taille et l'ébourgeonnage se font en lune décroissante et si possible descendante. Évitez le cumul d'une lune montante et croissante, les jours d'orage, les nœuds lunaires et tous les jours déconseillés dans le calendrier au chapitre 2 de ce guide.

Entre la floraison et la vendange, on compte entre 85 et 100 jours. Les vendanges se font de préférence en lune décroissante et durent, selon les vignobles, entre 8 et 10 jours. Durant cette période, on passe forcément par les quatre types de jours («Fruits», « Racines», « Fleurs», « Feuilles»). Il est assez difficile de suivre l'ensemble des conditions optimales (maturité, lune décroissante, météo favorable…).

- *Essayez de respecter au moins les deux règles suivantes :*

– commencer en lune décroissante ;

– ne pas commencer en jour «Feuilles».

- *Si vous le pouvez, affinez avec les règles suivantes :*

– vins primeurs : jours «Fleurs» ;

– vins légers et fruités : jours «Fruits» ;

– vins charpentés et de garde : selon les nuances et la personnalité de votre vin, vous pouvez choisir les jours «Racines» pour les rouges profonds, «Fruits» pour les arômes de sous-bois ou «Fleurs» si vous voulez développer le bouquet.

Les meilleurs moments sont indiqués dans le calendrier de la 2e partie (pages 39 à 177).

6
LES ANIMAUX SAUVAGES OU DOMESTIQUES

La Lune a une influence sur toute la nature: les océans, les plantes, et bien sûr aussi les animaux, du micro-organisme à l'éléphant. Tout vit au rythme de la Lune. Et ces influences se cumulent. La baleine évolue dans un élément qui se meut avec la Lune, avale du plancton sensible à la Lune et subit, elle-même, l'attraction de la Lune. À la pleine lune, les animaux ont tendance à se cacher ou bien à être comme aimantés. Certains poissons remontent à la surface tandis que d'autres descendent plusieurs mètres plus bas que leurs eaux habituelles pour échapper aux prédateurs.

À LA PÊCHE

- En mer ou en bord de mer, à la pleine lune, les petits poissons ont tendance à descendre pour se nourrir de plancton ou de minuscules crustacés, qui s'enfoncent dans l'eau ces nuits-là.

• La truite de mer et le saumon se méfient de la pleine lune.

• En revanche, les gros poissons de mer (comme le thon) remontent à la pleine lune.

• En bord de mer, la pêche aux poissons ou aux fruits de mer dépend autant de la Lune que des marées. La période la plus favorable correspond à la pleine lune et à la semaine qui la précède. À marée descendante, les prises sont moins bonnes.

• Les fruits de mer sont meilleurs pêchés en lune croissante, après son premier quartier.

• Les gros poissons de rivière, notamment les carnassiers comme le brochet, le silure ou le sandre, sont aussi attirés par l'astre rond. En réalité, ils chassent à vue et, les nuits de pleine lune, ils voient mieux leurs proies. Mais, dans de nombreux pays, il est interdit de pêcher de nuit ! Et, de jour, l'influence de la pleine lune serait plutôt défavorable aux carnassiers, car ceux-ci, chassant la nuit, se reposent le jour ! Il vaut donc mieux pêcher les carnassiers, de jour, aux alentours de la nouvelle lune.

La conclusion est logique : si vous voulez de gros poissons de rivière, évitez la pleine lune pour pêcher à partir du premier quartier.

• Les poissons préfèrent la pluie et le mauvais temps : quelle que soit la phase de la Lune, un temps couvert augmente les chances du pêcheur.

LES ANIMAUX DANS LA NATURE

• Des études sur plusieurs types d'insectes montrent que ces petites bêtes vivent au rythme de la Lune : accouplements et éclosions suivent les phases lunaires.

• Les insectes, en général, se montrent moins les soirs de pleine lune. Ils sortent plus aux alentours de la nouvelle lune… tout comme les oiseaux carnassiers.

• Les rapaces sortent et chantent plus à partir du premier quartier jusqu'à la pleine lune.

• Les oiseaux migrateurs se repèrent dans l'espace sans doute par rapport à l'attraction de la Lune, indépendamment de sa visibilité. Mais les phases lunaires ne semblent pas avoir de rapport avec les dates de migrations même si dans l'hémisphère Nord, la lune du chasseur (fin septembre - début octobre) correspond à la première pleine lune suivant celle des moissons.

• Les canards et les bécasses ont tendance à se réunir et à rechercher leur nourriture aux alentours de la nouvelle lune.

• Les grives, les pinsons et autres petits passereaux préfèrent le dernier quartier pour sortir le soir.

• Aux alentours de la pleine lune, les animaux (lapins, oiseaux, chevreuils, renards…) sont bien plus difficiles à observer, car bien plus méfiants. Ils sortent plutôt à la tombée de la nuit, quand la lumière entre chien et loup enlève de la précision aux silhouettes. Un vieux dicton précise: « À la pleine lune, le lapin craint son ombre. »

• Les périodes de rut tombent plus fréquemment aux alentours de la pleine lune. Et, dans ce cas, les animaux perdent toute prudence. Heureusement, la chasse est, sauf exception rare, interdite de nuit !

• Une information pour les photographes à l'affût d'images impressionnantes: au printemps, à la pleine lune, le temps se rafraîchit. Les grands mammifères, comme les cervidés, se dirigent alors vers les coteaux exposés sud ou sud-est pour profiter des premiers rayons du soleil. Celui qui a été suffisamment patient (et qui s'est installé sous le vent pour ne pas être détecté !) aura toutes les chances de contempler les biches avec leurs faons au petit matin.

LES ANIMAUX DE LA FERME

Les animaux aussi sont sensibles à la pleine lune !

Les mâles sont très excités et les femelles entrent dans un état second. La pleine lune accroît le désir sexuel des mammifères et des oiseaux et favorise la mise bas. Attendez-vous à des naissances, les nuits de pleine lune !

- Pour les saillies, évitez les jours déconseillés pour le jardinage, et notamment les nœuds lunaires, où le risque de malformations augmente.
- En Allemagne, un éleveur de chevaux a observé que les nœuds lunaires étaient néfastes pour les saillies : les femelles seraient moins réceptives et les poulains nés à la suite d'une conception à ces moments-là seraient moins vigoureux et plus souvent malades.
- La meilleure période pour la procréation se situerait entre le dernier quartier et la pleine lune.
- Les soins vétérinaires, notamment les interventions chirurgicales, doivent être pratiqués les mêmes jours que pour les humains.

7
POUR VOTRE SANTÉ, SUIVEZ LA LUNE

Pour vivre en bonne santé, il suffit de vivre de façon équilibrée. Cette évidence, nous avons tous du mal à la mettre en pratique ! Ainsi, l'alimentation saine, prise de façon raisonnable au bon moment, reste l'arme majeure de la santé.

DÈS LE PLUS JEUNE ÂGE

Notre organisme peut non seulement cumuler les « empoisonnements », mais possède aussi une « mémoire ». Certains métaux lourds, par exemple, ne sont jamais éliminés et leur toxicité ne se révèle que lorsqu'un seuil est atteint. Autre exemple : les cellules de la peau ont un « capital » de protection solaire qui ne se régénère pas. On ne s'en rend pas compte quand on est jeune et que l'on s'expose aux rayons solaires sans s'inquiéter. Mais ce capital s'épuise avec les années et l'on paie cher les « bronzettes » de l'été : cancers cutanés, vieillissement prématuré de la peau…

Voici quelques règles pour mieux vivre plus longtemps :

• Évitez les produits chimiques, difficilement éliminés par l'organisme. S'il est impossible de se passer de la plupart des médicaments prescrits par le médecin, il peut être intéressant de remplacer les somnifères ou les anxiolytiques, par des plantes qui provoquent moins d'effets secondaires.

• Ne grignotez pas entre les repas, vous limiterez allergies, problèmes gastriques, infections ORL… et prise de poids !

• N'abusez pas du lait et des produits laitiers.

• Buvez de l'eau en bouteille ou filtrée ainsi que des tisanes.

• Sucrez les tisanes avec du miel, du sirop d'agave ou du sirop d'érable. Évitez le sucre blanc.

• Bronzez lentement. Pour les yeux, utilisez des lunettes de soleil de qualité.

LA LUNE, LA SANTÉ ET L'ALIMENTATION

La Lune agit sur tous les liquides, et donc sur ceux qui circulent dans notre organisme à travers les systèmes circulatoire, lymphatique, digestif, urinaire. Tous les organes sont sensibles à la Lune, même le cerveau !

LES JOURS DE LA LUNE

Selon la position de la Terre et de la Lune par rapport aux constellations (voir chapitre 1), les jours sont plutôt « Fruits », « Fleurs », « Feuilles » ou « Racines ».

• Jours « Fruits » : vos sens et votre sensualité sont en éveil ; profitez-en pour vous reposer, mais n'abusez pas de la nourriture. Attention au grignotage ces jours-là ! La période est propice pour entamer une cure de plantes immunostimulantes (shiitake, lapacho, échinacée, ginseng, ortie…).

• Jours «Fleurs»: période stimulante, favorable à l'activité intellectuelle, mais aussi aux angoisses subites; votre mémoire fonctionne bien. Attention aux énervements et au surmenage ! C'est le bon moment pour commencer les cures de phytohormones (onagre, *yam* mexicain, isoflavones de soja, *maca*, gattilier...): ces cures commencent le 14e jour du cycle. Pour les femmes ménopausées, la prise de phytohormones est continue.
• Jours «Feuilles» : problèmes de sommeil, de rhumatismes, de dépression passagère; teint brouillé. Les tisanes de passiflore, aubépine ou Eschscholzia sont plus efficaces ces jours-là: commencez une cure si nécessaire.
• Jours «Racines» : période favorable pour soigner le corps en profondeur, notamment si vous souffrez de troubles circulatoires, digestifs, de problèmes de peau ou d'ongles.

NŒUDS LUNAIRES ET PÉRIGÉE

Jours néfastes pour entreprendre quoi que ce soit ! Vous vous sentez patraque. Le moral risque d'être «à zéro». Heureusement, d'autres influences ou des rapprochements de dates peuvent atténuer ces effets. Durant ces jours, déconseillés pour le jardinage, il faut donc être particulièrement attentif: surtout ne pas se «consoler» par des grignotages ou des prises d'alcool; ne pas commencer de cure; ne pas se couper les cheveux ni les ongles. En bref: attendez que cela passe ! Pensez uniquement à vous chouchouter: prenez des bains aux huiles essentielles, faites-vous masser en douceur, assistez à des spectacles...

Un témoignage émouvant

Notre fille de 13 ans, Salomé, souffre du syndrome de Rett, un grave handicap psychomoteur. Dans son jeune âge, elle avait régulièrement des insomnies. Les notant sur un calendrier, j'ai constaté qu'elles survenaient entre 3 jours avant et 3 jours après la pleine lune. Nous avons également découvert sa sensibilité aux grandes marées, à la venue de la neige, au vent, aux tempêtes, sensibilité exacerbée durant l'hiver avec des crises d'épilepsie qui s'en sont mêlées. Même si les neuropédiatres et autres médecins ne prêtent guère l'oreille à cette symptomatologie manifeste, beaucoup de parents d'enfants handicapés observent cette sensibilité voire cette vulnérabilité. Avec votre Guide de la Lune, *je peux noter de façon fine et précise le parallèle entre les symptômes de ma fille et ce qui se passe dans notre environnement céleste. Les nœuds lunaires et éclipses sont difficiles pour Salomé, souvent sources de crises d'épilepsie. En janvier, elle a traversé une période très critique et cela coïncide avec vos indications de risques de la pleine lune du 11 + nœud lunaire + éclipse du 26. Par la suite : une crise forte le 7 février (veille du nœud lunaire et éclipse), puis 10 crises sur 24 heures entre les 22 et 23 février, etc. Votre guide me permet de comprendre, d'anticiper et, avec le temps, peut-être de protéger Salomé face à ces phénomènes extérieurs. Car sa sensibilité aux perturbations cosmiques est source de souffrance.*

Isabelle M. (de Strasbourg)

NOUS SOMMES LUNATIQUES

Les jours de pleine lune, il y a de l'électricité dans l'air. Mais les tensions, ou plutôt des tendances à la mauvaise humeur généralisée, se ressentent aussi quand la lune est descendante. Pendant ces périodes, les collègues de travail, les chefs, les professeurs, les conjoints, les enfants sont plus facilement irritables. Alors, pour ne pas vous laisser aller à la morosité ambiante, buvez des tisanes d'aubépine (ou autres) et évitez de prendre des décisions importantes.

LA PLEINE LUNE

• Augmentation significative des risques psychiatriques, des dépressions ou des urgences qui en découlent : tentatives de suicide, blessures, rixes, attentats à la pudeur, viols…

• Insomnies plus fréquentes. Dans la journée, épuisez la surexcitation de votre corps par des exercices physiques.

• Aux alentours de la pleine lune, augmentation significative des risques de maladies cardiovasculaires ou circulatoires.

• En général, on coupe les ongles et les cheveux les soirs de pleine lune.

• Certaines pleines lunes sont plus « risquées » que d'autres, en partie à cause de la configuration avec les autres planètes qui peuvent amplifier l'influence (bonne ou mauvaise) de la pleine lune.

• En 2022, la pleine lune sera favorable (ou moins risquée) les 18 janvier, 16 février, 18 mars, 16 avril et 10 septembre.

LA LUNE DÉCROISSANTE (APRÈS LA PLEINE LUNE)

• Cures pour éliminer les toxines (reins-foie) par des tisanes diurétiques (pissenlit, ortie, bouleau, desmodium…) et pour perdre du poids. Commencez juste après la pleine lune. Les effets s'amplifieront soudainement à partir du dernier quartier.

• Fatigue dans le dernier quartier.

• Verrues : appliquez du suc de chélidoine, de figuier ou de sureau sur la verrue si possible le lendemain de la pleine lune ou bien en jours « Fleurs ».

LA BONNE DATE POUR PASSER « SUR LE BILLARD »

• Pour les interventions chirurgicales ou dentaires, évitez les jours où le jardinage est déconseillé : « mauvaises » pleines lunes, changement de lune, nœuds lunaires et périgée.

• Les plaies cicatrisent mieux en lune décroissante. Préférez les interventions chirurgicales ou dentaires après le dernier quartier pour vous rétablir plus vite après la nouvelle lune.

• En 2022, préférez les périodes suivantes : les 24 et 25 janvier ; le 28 février ; du 9 au 12 mars ; les 27 et 28 mai ; du 27 au 28 juin ; du 22 au 25 juillet ; les 23 et 24 août ; du 22 au 24 septembre ; du 16 au 21 novembre ; du 16 au 19 décembre.

• N'oubliez pas d'accompagner votre convalescence avec des tisanes ou des compléments alimentaires : la consoude accélère la cicatrisation, l'aubier de tilleul ou la busserole nettoie le système urinaire, magnésium agit sur la fatigue et stimule les échanges intracellulaires, la vitamine C stimule la métabolisation, la spiruline apporte le juste équilibre en minéraux...

EN LUNE CROISSANTE

• L'organisme reprend des forces. Les convalescences s'accélèrent à partir du premier quartier.

• Cures antifatigue avec un apport en vitamines et en minéraux.

• Cures de saison en phytothérapie ou cures de fond en homéopathie, pour guérir ou retrouver la forme.

• Massages et cures (de vigne rouge, de fragon épineux et d'hamamélis) contre les problèmes circulatoires (jambes lourdes, varices, hémorroïdes).

LES CURES

Les cures durent 20 jours (renouvelables au besoin). Quand on ne souffre pas de maux particuliers, on peut suivre une *cure de saison*, pour aider l'organisme à se préparer aux changements climatiques et pour prévenir les affections qui en résultent. Quand on est sujet à des troubles bien identifiés, plus ou moins chroniques, on suit une *cure de fond*, qui permet de résoudre les problèmes.

Les cures de saison

Les cures débutent un mois avant le changement de saison, en général durant le premier quartier. Seule la cure de printemps, dépurative, sera préférable en lune décroissante. Exemples de protocoles :

- En février : cure de printemps pour réveiller l'organisme et éliminer le surcroît de toxines. Buvez des tisanes de bruyère, d'aubier de tilleul ou de Desmodium toute la journée. En 2022, meilleure période : les 21 et 22 février.
- Mi-mai : cure d'été pour affronter les chaleurs et les rayons du Soleil ; préparer sa peau, lui faciliter une bonne hydratation et lutter contre les jambes lourdes. Par exemple : hamamélis + ginkgo + vit. C + vit. A ; le soir : tisanes de vigne rouge ou d'aubépine. En 2022, meilleure période : du 19 au 21 mai.
- Septembre : cure d'automne pour lutter contre la fatigue et l'arrivée des rhumatismes. Prenez de la gelée royale et de la vitamine C. Le soir, buvez des tisanes de prêle ou d'ortie. En 2022, meilleure période : les 29 et 30 août.
- Novembre-début décembre : cure d'hiver pour éviter refroidissements, grippes et mauvaises fièvres. Prenez du cuivre en oligoéléments. Le soir, dégustez une bonne tisane de sauge ou de tilleul. Meilleure période : du 28 au 30 novembre.

Les cures de fond

Quand on souffre d'un mal chronique (fatigue, rhumatismes, surpoids, mauvaise digestion, constipation...), il faut prendre le taureau par les cornes. Il s'agit le plus souvent de cures dépuratives que l'on commence de préférence en lune décroissante.

COUPE SÉRIEUSE : des cheveux plus forts et plus souples

Se faire couper les cheveux à la pleine lune les rend bien plus beaux, plus brillants et plus forts. Ils repoussent avec plus de vigueur. On remarque que leur coloration est plus régulière et que les cheveux clairs s'éclaircissent encore. L'idéal, dans tous les cas, reste la pleine lune en lune montante. Attention cependant: la pleine lune peut correspondre à d'autres influences néfastes !

• Pour que vos cheveux repoussent plus fortement mais plus doucement, choisissez une lune décroissante au plus près de la pleine lune, de préférence en jours «Racines».

• En 2022, compte tenu des pleines lunes défavorables et des jours à risques, les meilleures périodes pour une «bonne» coupe de vos cheveux sont parfois éloignées des périodes théoriquement idéales. Préférez donc les jours suivants: du 20 au 25 janvier; du 16 au 21 février; du 17 au 22 mars ; du 20 au 23 mai; du 16 au 20 juin; du 16 au 18 juillet; du 16 au 17 septembre; du 12 au 13 novembre.

COUPE DE STIMULATION : une repousse plus rapide

Peu après la nouvelle lune, vous pouvez couper les fourches et les pointes de vos cheveux, leur croissance se trouvera stimulée, accélérée. Toutefois, la plupart des nouvelles lunes sont défavorables; il vous faudra donc viser les jours suivants: le 4 janvier; du 5 au 7 février; du 6 au 8 mars; du 2 au 4 avril; du 28 au 30 juin; du 30 au 31 juillet; du 26 au 30 août; le 25 septembre ; du 27 au 29 décembre.

SOINS DES CHEVEUX

• Les masques pour les cheveux (application d'huile ou d'argile) sont préférables après la pleine lune (donc après une coupe, si légère soit-elle), c'est-à-dire en lune décroissante. Une exception pour les cheveux gras, qui seront traités en jours « Feuilles » et en lune croissante.

• Les teintures peuvent être faites indifféremment en lune croissante ou décroissante mais préférez les jours « Fleurs » ou « Racines ».

LES ONGLES

Pour les soins des ongles (et plus encore s'ils sont sensibles, cassants ou douloureux), utilisez les mêmes règles que pour les cheveux, c'est-à-dire à la pleine lune ou en lune décroissante. Préférez les jours « Racines ». Évitez les jours « Feuilles » où les ongles ont l'air mous et semblent se dédoubler plus facilement.

• Une exception: les ongles incarnés se soignent mieux durant le premier quartier, c'est-à-dire en lune croissante.

• En 2022, compte tenu des pleines lunes défavorables et des jours à risques, préférez les jours suivants: du 20 au 25 janvier; du 16 au 21 février; du 17 au 22 mars ; du 20 au 23 mai; du 16 au 20 juin; du 16 au 18 juillet; du 16 au 17 septembre; du 12 au 13 novembre.

L'ÉPILATION

Ce sont à peu près les mêmes règles que pour les ongles. Il faut s'épiler aux alentours de la pleine lune ou juste après, en lune décroissante, si possible en jours « Racine ».

• En 2022, compte tenu des pleines lunes défavorables et des jours à risques, préférez les jours suivants : du 20 au 25 janvier ; du 16 au 21 février ; du 17 au 22 mars ; du 20 au 23 mai ; du 16 au 20 juin ; du 16 au 18 juillet ; du 16 au 17 septembre ; du 12 au 13 novembre.

• Cela ne signifie pas que vous soyez condamné(e) à garder vos poils les autres jours ! Mais ils repousseront moins vite si vous les arrachez aux jours indiqués.

Le linge et la lune

Jadis, dans les campagnes, on lavait et on mettait à sécher le linge à la lumière de la Lune. Des chercheurs ont validé ce mystérieux blanchiment. En effet, quand la Lune est bien visible, il y a moins de nuages pour réfléchir l'infrarouge émis par le sol terrestre. Le linge se refroidissant plus rapidement et condensant plus de rosée qui est riche en peroxyde d'hydrogène. Le matin, les premiers rayons du soleil, en brisant les molécules d'eau de la rosée, libèrent le peroxyde d'hydrogène.

En conclusion, ce n'est pas la lune qui blanchit mais c'est quand même grâce à elle qu'on sait quand sortir son linge pour le blanchir !

LA PEAU

• L'acné semble croître avec la Lune. On soigne l'acné en lune croissante de préférence. Jamais en jours « Fruits ». Jamais en pleine lune.

• Les soins intensifs de peau, dont les masques (application d'huile, de yaourt, d'argile, de miel ou de concombre…), sont plus efficaces en lune croissante.

• Nourrir la peau en lune décroissante : crèmes, masques tonifiants.

• Nettoyer ou désincruster la peau en lune croissante et descendante : masques purifiants et masques à l'argile.

LA LUNE ET LE ZODIAQUE

De très nombreux ouvrages soulignent des relations entre les différents organes et les signes du Zodiaque. Notons donc, pour ceux qui s'intéressent à l'astrologie et considèrent que les problèmes de santé sont liés à leur signe, que :

– les Bélier souffriraient de maux de tête ou de dents ;
– les Taureau se plaindraient plus souvent de problèmes ORL ;
– les Gémeaux seraient fragiles des poumons, des épaules, du haut du dos et des bras ;
– les Cancer auraient des troubles gastriques ou hépatiques et, en vieillissant, de l'arthrite rhumatoïde ;
– les Lion seraient sujets aux troubles cardiovasculaires ;
– les Vierge se plaindraient de troubles digestifs ou hépatiques ;
– les Balance auraient des problèmes urinaires ou dermatologiques et seraient aussi plus fragiles du dos ;
– les Scorpion seraient plus sensibles des parties génitales et des intestins ; les infections urinaires seraient plus fréquentes chez eux ;

– les Sagittaire auraient soit des problèmes circulatoires des membres inférieurs, soit des sciatiques, soit encore des problèmes osseux ;
– les Capricorne souffriraient d'une mauvaise calcification ou d'ostéoporose précoce; leurs cheveux et leurs ongles seraient aussi plus fragiles ;
– les Verseau et les Poissons se plaindraient des membres inférieurs ou des pieds.

Il serait possible d'affiner les soins en faisant correspondre les jours aux éléments:

- Jours «Fruits»: Bélier, Lion, Sagittaire.
- Jours «Fleurs»: Gémeaux, Balance, Verseau.
- Jours «Feuilles»: Cancer, Scorpion, Poissons.
- Jours «Racines»: Taureau, Vierge, Capricorne.

LE CYCLE FÉMININ

Le cycle menstruel de la femme correspond à un mois lunaire sauf en Inde où il est plus long). L'irrégularité du cycle provient essentiellement du mode de vie de chaque femme: enfants, travail, stress, fatigue, maladies… Il est aussi perturbé par les variations climatiques et le rythme saisonnier, qui entraînent des différences d'intensité lumineuse. L'éclairage artificiel (écrans d'ordinateur, de télévision, éclairage électrique dans les maisons et les villes…) a, de plus, une influence sur le cycle. Une religieuse m'a confié que, dans son couvent, toutes les nonnes ont leurs règles au même moment: elles ont une vie strictement semblable, en parfaite adéquation avec le rythme de la nature pour les travaux, le lever, le coucher… Dans les pensionnats de jeunes filles, on peut faire les mêmes constatations. Ce que les femmes ne savent pas toujours, c'est qu'une grossesse ne dure pas 9 mois mais 9 lunaisons, c'est-à-dire 9 fois 29,5 jours, c'est-à-dire environ 265 jours. Les gynécologues estiment la durée de la grossesse à partir du premier jour des dernières règles : l'enfant survient dans la 41e semaine. Si l'on écoute la lune, l'enfant naît quelques jours avant les prévisions du médecin... Ce qui est souvent le cas, d'autant que si la lune s'amuse à montrer son disque rempli un peu avant la date prévue, l'accouchement a toutes les chances de se produire à la pleine lune !

Des lectrices témoignent

- *« J'ai constaté que mes problèmes de spasmophilie s'accentuent en période de pleine lune. »*

(Fabienne, Moissac)

- *« Quand j'ai mes règles en lune décroissante, je les supporte très mal : vertiges, maux de tête, humeur désagréable, grosse baisse de tonus. Alors que, en lune croissante, tout va bien. »*

(Lucie, Saint-Vincent)

- *« Mes problèmes de cycle ont disparu depuis que j'ai réussi à faire correspondre l'ovulation avec la pleine lune. En fin de lune décroissante, je laisse une lumière dans ma chambre. Je me suis aidée en décalant de 24 heures chaque mois la prise de ma pilule. »*

(Agnès, Versailles)

CHOISIR LE SEXE DE SON ENFANT

Si les sages-femmes savent que les accouchements sont plus fréquents lors de la pleine lune, rares sont celles qui se risquent à donner des astuces pour choisir le sexe de l'enfant à naître. Pourtant, certaines d'entre elles signalent ce truc, confirmé par un médecin tchèque, le Dr Eugen Jonas :

• Un enfant conçu pendant que la Lune traverse une constellation « féminine » sera une fille. Les constellations féminines correspondent aux jours « Feuilles » et aux jours « Racines ».

• Pour les garçons, il suffit de choisir les jours « Fruits » et les jours « Fleurs » ! Il paraît que cela donne jusqu'à 98 % de réussite !

Vous pouvez aussi essayer en même temps une autre technique : les chromosomes Y (garçons) préfèrent un milieu basique tandis que les X (filles) préfèrent un milieu acide. Pour avoir une fille, mangez plutôt des produits laitiers, pour avoir un garçon, insistez sur le bicarbonate de soude... L'orgasme féminin augmente l'alcalinité vaginale (chances d'un garçon), et les contractions vaginales aident les spermatozoïdes masculins, plus rapides, à accélérer encore leur course. Enfin, une douche vaginale favoriserait la venue de l'un ou l'autre sexe : pour une fille, mettez 2 cuillerées à soupe de vinaigre dans un litre d'eau, pour un garçon, 2 cuillerées à soupe de bicarbonate de soude.

LA LUNE ET LES ENFANTS

Les enfants sont particulièrement réceptifs quand la Lune entre dans les constellations.

• Jours « Fruits » : les enfants sont très actifs et réussissent plus facilement ce qu'ils entreprennent. Alternez activités physiques toniques (course à pied, randonnée, équitation, sport d'équipe, compétition...) avec des apprentissages fondamentaux.

• Jours «Fleurs»: les enfants rêvent et font travailler leur imagination. Ils réussissent mieux les activités littéraires et le dessin.
• Jours «Feuilles»: les enfants sont léthargiques, mal réveillés. Ils ont du mal à se concentrer. Pour les stimuler en douceur, proposez des activités sportives douces: yoga, gymnastique, vélo, natation...
• Jours «Racines»: les enfants se concentrent plus facilement et réussissent mieux dans les matières pratiques, scientifiques ou mathématiques. Ce sont aussi des jours favorables à l'apprentissage de la musique.

Marie-Ange et l'eau de Lune

Une lectrice m'a écrit pour me donner sa recette d'« eau de lune ». Je ne sais pas trop quoi en penser, mais je me dis que les lecteurs peuvent toujours essayer et m'écrire pour m'informer s'ils ont obtenu les mêmes résultats qu'elle. Marie-Ange ignore l'origine de cette recette, mais précise qu'elle en fait depuis longtemps pour elle et ses amis avec toujours le même succès.

Prenez une bonbonne de 5 litres d'eau de source (achetée en grande surface). Elle ne doit pas avoir été ouverte. À la nuit établie, placez-la à l'endroit où elle bénéficiera des rayons de la pleine lune. Retirez votre bonbonne avant le lever du soleil. Vous la conserverez impérativement à l'abri de la lumière (protégée dans un sac pour surgelés double épaisseur). Ses effets sont les suivants :

- *à boire, elle régénère l'organisme ;*
- *en soin de beauté, elle régénère la peau ou les cheveux si on l'utilise en dernière eau de rinçage ;*
- *en arrosage, les plantes l'adorent.*

En test à l'aveugle (je l'ai essayée sur de grands sceptiques), l'eau de lune a un réel pouvoir et un goût de métal très prononcé.

Marie-Ange, La Garde

8
MINCIR AVEC LA LUNE

Perdre du poids... Vouloir mincir avec des régimes rapides ou au contraire sans effort, c'est rêver éveillé. Et mettre sa santé en danger. Le surpoids, la cellulite sont devenus de véritables maladies dont on ne sait comment se débarrasser. Pour mincir vraiment et durablement, il faut ruser avec son propre corps et surtout avec son propre cerveau. Dans ce combat, la Lune sera votre alliée.

À partir de 25 ans, un individu « prend » en moyenne 0,7 kg de masse grasse par an et perd environ 0,25 kg de muscles et d'os, surtout à cause de la réduction de son activité physique. Il suffit d'un stress, d'une série de repas trop bien arrosés, de mauvaises habitudes alimentaires pour prendre 3 kg en 1 mois. Ensuite, difficile de s'en défaire.

Tout est affaire de glandes

L'hypothalamus, situé à la base du cerveau, est responsable de la régulation du poids corporel. Il contrôle également les sensations de faim et de satiété et, par conséquent, les prises alimentaires. Il faut environ 6 mois pour modifier cette horloge pondérale. Par conséquent, si vous pesez 75 kg après en avoir perdu 10, votre cerveau, lui, continuera à régler vos besoins alimentaires pour faire fonctionner un corps qui en pèserait 85 ! Vous comprenez pourquoi il est si difficile de suivre un régime et si facile de reprendre du poids !

PENSEZ AUX AUTRES TROUBLES

Les régimes sont, la plupart du temps, assez efficaces pour perdre du poids. Mais ils entraînent un déséquilibre nutritionnel qui pousse toujours l'organisme à se venger. C'est l'effet yo-yo : on reprend aussi vite les kilos perdus, avec en prime quelques centaines de grammes. Notre moral s'en trouve affecté. Et, forcément, ces kilos en trop sont responsables de fatigue, de mauvaise circulation sanguine, de douleurs dorsales ou dans les genoux, d'hypertension… Parfois, impossible de se défaire des kilos en trop sans s'attaquer aussi à ces problèmes.

RUSEZ AVEC VOTRE CERVEAU

Pour maigrir, il n'y a pas de secret : il vous faut diminuer (et non supprimer) les matières grasses et les sucres d'assimilation rapide. Et puis, bien sûr, il faut bouger. Contrairement à une idée reçue, le sport ne donne pas faim ! La sécrétion d'adrénaline et l'augmentation de la température corporelle sont responsables de la diminution de l'appétit dans les heures qui suivent un exercice. En outre, l'exercice augmente la vitesse de digestion, ce qui diminue le temps de contact entre les aliments et la muqueuse intestinale, d'où une diminution de l'absorption énergétique. Conclusion : préférez la pratique d'un sport avant les repas.

LE RÉGIME

Ne vous privez de rien, mais soyez raisonnable. Il faut bien sûr limiter les prises alimentaires et s'interdire tous les produits laitiers, l'alcool et les sucres raffinés. Les céréales sont aussi à déconseiller car elles favorisent le développement du candida albicans dans les intestins, ce qui ralentit le métabolisme des aliments et augmente le déséquilibre acido-basique. N'exagérez pas la consommation de fruits car ils sont riches en sucre et déséquilibrent le rythme du transit. Supprimez tout grignotage. Remplacez le café par le thé vert. Ces simples conseils vous permettront de perdre régulièrement du poids, à condition de faire aussi un peu d'exercice. Si vous avez déjà effectué plusieurs tentatives d'amincissement sans succès, n'hésitez pas à recommencer en vous fiant à la Lune !

Phytohormones et précurseurs hormonaux

Les périodes aux alentours de la ménopause sont particulièrement déstabilisantes pour les femmes : maux de tête, bouffées de chaleur, baisse de la libido… et prise de poids. Certaines plantes (notamment des légumineuses) comportent des substances proches des hormones féminines. Ces phytohormones (soja, yam, luzerne, maca, trèfle rouge, mélilot, gattilier, etc.) se trouvent dans des « spécialités » vendues en pharmacie ou en magasin de diététique. Évitez les gélules qui, parmi les excipients, contiennent du stéarate de magnésium, additif alimentaire déconseillé, contrairement au citrate de magnésium.

ET LA LUNE DANS TOUT ÇA ?

La Lune agit sur tous les éléments, notamment les particules liquides. Or, l'organisme est majoritairement composé d'eau. Le principe est simple. Quand la Lune croît, vous avez envie de manger, de prendre des forces: attention aux fringales, surveillez votre alimentation ! Quand elle décroît, vous éliminez plus facilement: profitez-en pour insister sur les cures drainantes. Entamez votre régime minceur juste après la pleine lune. Après le dernier quartier, les effets commenceront

---

Ronde ou mince… comme la Lune

- *Les cures et régimes minceur débutent de préférence en lune décroissante, juste après la pleine lune. Les effets s'amplifieront soudainement à partir du dernier quartier. Si vous pouviez cumuler lune décroissante et lune descendante, ce serait l'idéal !*
- *Les jours «Racines» sont encore meilleurs.*
- *Rusez avec les jours «Fruits»: vous aurez plus envie de grignoter ou de manger. Pour commencer un régime, calmez vos fringales avec des fruits, ce qui transformera ces jours risqués en jours très favorables.*
- *Toutefois, certains jours sont moins favorables, notamment ceux qui sont considérés comme négatifs. En effet, la lune agissant sur les liquides— tous les liquides qu'ils soient végétaux, animaux ou humains —, l'influence bonne ou mauvais est la même dans votre jardin et votre corps. Pour bien démarrer votre régime, choisissez les dates proposées dans le calendrier de la 2ᵉ partie (pages 39 à 177). Ce sont souven tles mêmes périodes que pour se couper les cheveux.*
- *On se rassasie plus facilement en lune croissante, mais on grossit aussi plus facilement: il faut donc bien contrôler l'apport de calories et des nutriments indispensables.*

à s'accélérer franchement. Si vous suivez un calendrier lunaire, choisissez de préférence, pour débuter, un jour « Racines », c'est encore mieux, et méfiez-vous des jours « Fruits » : vous aurez davantage envie de grignoter.

LES COUPE-FAIM NATURELS

L'ispaghul, la chlorella, la spiruline ou la pectine de pomme diminuent la sensation de faim. Ces produits, pris avant le repas, gonflent dans l'estomac et facilitent la sensation de rassasiement. Ils ont aussi un effet positif sur le transit intestinal, problème qui touche la majorité des personnes qui souffrent de surpoids.

LES PROBIOTIQUES

Ils réensemencent la flore intestinale qui permet de métaboliser (transformer) les nutriments et de les rendre assimilables par l'organisme. C'est dans les intestins que sont « fabriquées » ou « réappropriés » les vitamines, oligoéléments, acides aminés, protéines, etc. Mauvaise flore signifie : fatigue, inflammation, mauvaise adaptation au stress, acidose, développement du candida albicans, transit intestinal irrégulier, augmentation des crises d'angoisse, mycoses, prise de poids, peau sèche... Les probiotiques se présentent sous forme de gélules, de comprimés, de poudre en sachet ou de poudre en vrac. Certains probiotiques sont associés à des prébiotiques ce qui renforce leur efficacité. Ils peuvent aussi être enrobés de pectine de pomme ou de gomme d'acacia ce qui leur donne, en plus, un effet coupe-faim.

ACIDES AMINÉS, MINÉRAUX, VITAMINES, ETC.

D'autres compléments alimentaires sont aussi utiles: le chrome agit sur certains diabètes ou le surpoids (le polynicotinate de chrome est mieux assimilable par l'organisme). Le GABA (acide gamma-aminobutyrique), employé dans les états anxieux et l'insomnie, freine l'appétit. La glutamine accélère la combustion des graisses.

LE CITRATE DE MAGNÉSIUM

Le magnésium stimule les échanges dans la cellule et limite la formation d'acide lactique. Il agit sur l'humeur et les muscles. Mais le magnésium en complément alimentaire est souvent proposé sous des formes acidifiantes. Or un mauvais équilibre acido-basique favorise la fatigue, le stress et le candida albicans. Pour bénéficier des bienfaits de magnésium, préférez le citrate de magnésium qui, lui, est alcalin. On le trouve plus facilement dans les magasins de produits pour sportifs. Il ne faut pas hésiter à en prendre 3 à 5 g par jour. Réduire les quantités en cas de transit « trop rapide ».

LE BICARBONATE DE SOUDE

Le sel, chacun le sait, est un redoutable ennemi. Il favorise l'hypertension, la rétention d'eau et la prise de poids. Il suffit de le remplacer par son ennemi : le bicarbonate… qui deviendra donc votre meilleur ami. Ce produit naturel a aussi l'avantage (assez rare) de rétablir l'équilibre acido-basique, ce qui fait qu'avec une consommation régulière (environ 1 à 2 cuillerées à dessert par jour), on repousse les risques de mycoses, de dermatoses, d'yeux irrités, de mauvaise haleine, de gencives douloureuses, ou d'aphtes. Il soulage aussi les brûlures d'estomac et les remontées acides. On trouve du bicarbonate de soude partout (épiceries ou supermarchés) pour un prix modique. Alors pourquoi s'en priver ? Seul inconvénient : il modifie la couleur des légumes pendant la cuisson. Veillez cependant à n'acheter que du bicarbonate de soude alimentaire. En cuisine, vous l'additionnerez à l'eau de cuisson pour les pâtes, le riz ou les légumes. Autre avantage, il réduit le temps de cuisson et permet de mieux conserver les vitamines.

Il facilite la digestion des lentilles, des fèves ou du chou. Les pâtisseries lèveront mieux avec 2 à 3 pincées de bicarbonate de soude dans la pâte.

Le thé vert

Le thé vert détoxifie l'organisme, active l'élimination de la rétention d'eau, réduit le cholestérol, stimule le foie, régule le transit intestinal, active le fonctionnement des reins. Et, cerise sur le gâteau, le thé vert déstresse. Toutefois, il ne faut boire que de grands thés verts et respecter les durées d'infusion : le breuvage est très particulier. Pour bénéficier de ses bienfaits, il faut apprendre à le déguster : alors, ce qui vous semblait un vilain goût d'épinard prend des nuances de bord de mer ou de sous-bois.

LES TISANES

L'eau permet d'éliminer les toxines et favorise le transit intestinal. Une bonne hydratation a aussi un effet contre le vieillissement et les rides (mais ça, c'est un autre sujet). Vous pouvez boire des tisanes qui permettront de lutter encore mieux contre les problèmes spécifiques du surpoids (rétention d'eau, cellulite, surcharge graisseuse, constipation, mauvaise digestion, mauvais fonctionnement du foie...). Les tisanes agissent aussi sur les conséquences du surpoids : hypertension, cholestérol, mauvaise circulation, baisse de la libido, problèmes cardiovasculaires, dépression, insomnie... Essayez les infusions de bouleau, bruyère, sauge, romarin, vigne rouge, tilleul, racine de fenouil, thé vert ! Si vous n'aimez pas trop les tisanes, choisissez les extraits liquides. Évitez les gélules surtout si, parmi les excipients, figure du stéarate de magnésium qui, contrairement au citrate de magnésium, fait partie des additifs alimentaires déconseillés.

LE VINAIGRE DE CIDRE

Rééquilibrant l'organisme en micronutriments, le vinaigre de cidre agit aussi comme un coupe-faim. Il détruit la trame protéique et conjonctive qui emprisonne les graisses dans les tissus. Il est également riche en tanins et en pectine de pomme, véritable coupe-faim naturel. Ces substances, sensibilisant les muqueuses digestives supérieures (bouche, œsophage, estomac), envoient au cerveau un message de satiété.

LES HUILES ESSENTIELLES

Qu'il est agréable de prendre un bain parfumé aux huiles essentielles ! Mais savez-vous que ces extraits surpuissants de plantes franchissent la barrière cutanée et peuvent avoir un effet non négligeable sur votre silhouette ?

- Évitez toujours le thym, très agressif, et le bigaradier, qui provoque des rougeurs. Vous pouvez être sensible à d'autres essences. Vérifiez si vous ne faites pas une allergie en vous massant le dos de la main avec 1 ou 2 gouttes.

• Ensuite, vous pouvez préparer votre bain. Dans 1 cuillerée à soupe de bicarbonate de soude ou de sulfate de magnésium (sel d'Epsom), comptez une dizaine de gouttes d'huile essentielle de citron, de genévrier, d'origan ou de vétiver. Mettez-les sous le robinet de votre baignoire. Et restez dans votre bain au minimum une demi-heure.
• Vous pouvez aussi masser les zones «sensibles» en mélangeant quelques gouttes d'huile essentielle avec une huile végétale très pure (abricot, amande, olive, noisette...).

STABILISEZ VOS ÉMOTIONS

Le stress entraîne la boulimie. Alors, pourquoi ne pas essayer la *leibothérapie*, plus connue sous le nom de «Fleurs du Dr Bach»? Cette méthode de soins se situe à mi-chemin entre la phytothérapie et l'homéopathie. Il ne s'agit pas de soigner des affections déterminées, mais de rétablir un équilibre émotionnel. Ainsi, une angoisse particulière peut encourager la boulimie ou bien un penchant vers l'alcool: l'élixir Agrimony permettra de lutter contre cette angoisse et donc limitera les manques. Il n'existe pas d'élixir spécifique de la minceur, car à chaque personnalité correspond un élixir. Voici quelques-uns de ceux qui pourraient vous aider: Agrimony, Aspen, Chicory, Rock Rose, Star of Bethlehem, Heather. Ces élixirs floraux sont vendus dans certaines pharmacies, dans la plupart des boutiques bio et par correspondance. Pour déterminer l'élixir qui vous convient, il vous suffit de vous référer à un guide comme celui paru chez Marabout : *Le Guide des fleurs du Dr Bach.*

LA CELLULITE

Elle semble viser exclusivement les femmes, on ne sait pas bien pourquoi. La cellulite peut se loger partout, mais s'accumule plutôt dans certaines zones : taille, hanches, fesses, cuisses, intérieur du genou. Les tissus cutanés, gorgés d'eau, granulent l'épiderme, qui prend des allures de peau d'orange. Les toxines ne sont plus éliminées correctement. La peau perd de son élasticité. Les causes de cette rétention d'eau sont diverses : excès alimentaires, stress, syndrome prémenstruel... Ces dérèglements du métabolisme commencent souvent autour de la quarantaine et s'aggravent au moment de la ménopause.

VOTRE PROGRAMME

Inutile de tout acheter pour tout essayer : c'est la meilleure façon de tout abandonner. Commencez par noter votre poids actuel et celui auquel vous aimeriez parvenir (sans exagérer !). Calculez combien de mois il vous faudra (1 kg par mois). Ajoutez 6 mois : vous aurez la durée de l'effort à fournir. Ensuite, choisissez 2 ou 3 aides minceur (spiruline + pectine de pomme + thé vert, par exemple) et suivez régulièrement votre programme pendant au moins 2 mois avant d'en changer. Vous pouvez aussi ajouter un complément de vitamines C et B notamment. Quand vous aurez atteint votre poids idéal, surveillez encore votre alimentation et continuez à respecter ces grandes règles. N'oubliez pas que la mémoire de votre « poids » a 6 mois de retard sur la réalité ! Votre organisme ne cherchera donc qu'à se venger, d'autant qu'il va stocker de façon réflexe votre énergie sous forme de graisse, au cas où l'idée vous reprendrait de le priver une nouvelle fois.

En résumé : les 10 commandements

1. Commencez si possible en lune décroissante. Les meilleures dates sont indiquées dans le calendrier à partir de la page 39.

2. Suivez un régime sans frustration ni grignotage. Évitez les céréales et surtout, surtout, vos 4 ennemis : les 4 BLANCS (sel, sucre, farine, lait). Pourchassez tous les aliments qui en contiennent : pâtes, sauces, pains, fromages… Remplacez le sel par du bicarbonate de soude, le sucre par du sirop d'agave (bio), le lait de vache par des boissons végétales (amande, châtaigne, soja…).

3. Astreignez-vous à 3 séances d'exercice par semaine, 1 heure avant un repas.

4. N'essayez pas de perdre plus de 1 kg par mois.

5. Avant chaque repas, prenez au choix des gélules de varech, de spiruline, d'ispaghul, de pectine de pomme ou buvez un demi-verre d'eau additionné de 1 cuillerée à soupe de vinaigre de cidre.

6. Stabilisez vos émotions grâce aux élixirs floraux.

7. Buvez des tisanes (bruyère, sauge, thé vert…) ou de l'eau de source, surtout quand vous pratiquez un sport.

8. Prenez des acides aminés, des enzymes et, surtout, des probiotiques.

9. Si vous êtes en période de préménopause ou de ménopause, faites confiance aux phytohormones.

10. Offrez-vous massages et/ou bains aux huiles essentielles 2 à 3 fois par semaine.

Votre avis m'intéresse

Envoyez-moi vos témoignages, vos remarques, vos suggestions, vos expériences, les traditions de pays ou de régions... N'oubliez pas, s'il s'agit d'ouvrages ou d'articles, d'indiquer vos sources. Vous pouvez correspondre avec moi par l'intermédiaire du site www.paulferris.fr ou bien en m'écrivant chez l'éditeur :

Paul Ferris

Marabout Poche

Hachette livre

58, RUE JEAN-BLEUZEN

CS 70007

92178 VANVES CEDEX

Achevé d'imprimer en Liberdúplex - 08971 Sant Llorenç d'Hortons

Pour le compte des Éditions Marabout (Hachette Livre)
58, rue Jean Bleuzen, 92178 Vanves Cedex
ISBN: 978-2-501-16180-0

6526819/01

dépôt légal: août 2021